ELOGIOS POR

Recibirás mucha bendició
verdades que se encuentran en este hbro escrito desde el
un pastor.
    —**Robert Cheong**, pastor de cuidado y consejería, Sojourn
        Community Church

Este libro te hará examinar tu propio corazón en relación con lo
que realmente deseas y aquello para lo que quieres vivir. También te
ayudará a ministrar a otros que estén sufriendo o que estén atrapados en el pecado que les impide gozar de la libertad que tenemos en
el evangelio.
    —**Garrett Higbee**, director, Cuidado Bíblico de las Almas,
        Harvest Bible Chapel

A medida que avances en la lectura de este libro, empezarás a entender
tus luchas personales, el poder del evangelio para ayudarte a crecer y
cambiar, y qué (o quién) debería ser tu verdadero tesoro: Jesucristo.
    —**Kevin Carson**, profesor de Consejería Bíblica, Baptist Bible
        College and Graduate School

Este libro me hace desear derribar los ídolos de mi corazón y lanzar-
los al vertedero de basuras más cercano; me hace querer vivir para la
gloria y honra de Dios y regocijarme en su maravilloso amor. Léelo y
permite que él haga lo mismo en ti.
    —**Amy Baker**, consejera, Faith Biblical Counseling Ministries

Bigney extrae grandes verdades de los más eminentes teólogos de
nuestros días y las organiza de una manera fácil de entender, clara y
aplicable. Este libro es útil para cualquiera que desee entender más
profundamente lo que significa caminar en integridad con Dios.
    —**Jocelyn Wallace**, directora ejecutiva, Vision of Hope
        Residential Treatment Center

Brad Bigney nos recuerda que los problemas que todos enfrentamos
rara vez son superficiales, y que debemos llegar al meollo de los asuntos

del corazón. Claramente, este libro nos dice cómo identificar y lidiar con las cosas que elegimos adorar en lugar de Dios.

 —**Charles D. Hodges Jr.**, director de Consejería de Gracia, Grace Church

Brad es muy transparente y escribe en una forma fácil de entender y de poner en práctica.

 —**Stuart Scott**, director ejecutivo, National Center of Biblical Counseling

Los ejemplos, las ilustraciones y las historias que usa Brad son tan apropiados y hacen que los conceptos que enseña sean claros y concretos a la vez que hacen divertido leer su libro.

 —**Jim Newheiser**, director, Institute for Biblical Counseling and Discipleship

Voy a entregar le este libro a mis amigos y lo usaré como lectura obligatoria de mi consejería.

 —**Randy Patten**, director ejecutivo, National Association of Nouthetic Counselors

Permite que estas importantes palabras te guíen a medida que sigues madurando en tu relación con Jesucristo.

 —**Steve Viars**, pastor principal, Faith Church

LA TRAICIÓN AL EVANGELIO

CÓMO SE TRAICIONA AL EVANGELIO CON LA IDOLATRÍA

BRAD BIGNEY

PUBLISHING

P.O. BOX 817 • PHILLIPSBURG • NEW JERSEY 08865-0817

Si tienes alguna pregunta relacionada con este libro,
nos encantaría que nos escribas.
Para ponerte en contacto conmigo, puedes escribir a
bradbigney@graceky.org o en Twitter @BradBigney.

Traducción: Elizabeth Cantú Saldaña, Puebla, México

ISBN: 978-1-62995-158-4 (español)
ISBN: 978-1-59638-402-6 (inglés)

Impreso en los Estados Unidos de América

Library of Congress Cataloging-in-Publication Data

Se han solicitado los datos de catalogación en publicación de la Biblioteca del Congreso y están disponibles en la Biblioteca del Congreso.

A mi amada esposa,
Vicki,
y a nuestros cinco hijos
por ser tanto los canales como el crisol donde Dios continúa
enseñándome estas verdades transformadoras.

Mi vida se ha enriquecido mucho más gracias a cada uno de
ustedes.

CONTENIDO

Contentido

RECONOCIMIENTOS

EN ESPECIAL DOY gracias a mi asistente, Laura Lewis, por las horas que pasó formateando y puliendo el manuscrito final. Asimismo, sin el entusiasmo de mi anterior asistente, Marina Smirenski, quien invirtió horas y horas preparando las propuestas y enviándolas a las editoriales, este libro seguiría siendo un archivo de computadora. Meghan Krusling hizo el arduo trabajo inicial en las trincheras de limpiar las transcripciones de mis sermones para que se alinearan mejor con el idioma escrito. Y cuando me había dado por vencido y dejé el proyecto a un lado, Dios levantó a Robert y Billie Gentry para hacer una obra de amor al invertir muchas horas para tomar lo que yo había escrito y mejorarlo muchísimo más. Sin su toque especial, los editores todavía seguirían diciendo: "Gracias, pero no gracias". Pero más que nada, sin la perseverancia de mi hermosa ayudante, Vicki, estos mensajes nunca se habrían movido de mi vida a mis labios para formar una serie de sermones. Gracias por preguntarme año tras año: "¿Cuándo vas a predicar acerca de los ídolos del corazón?". Y después por darme el amoroso empujoncito para apartar tiempo y poner todo ello en forma de libro. Otra vez, Dios los usó para llevarme a una experiencia transformadora. ¡Ustedes son fantásticos!

Muy poco del contenido de este libro es de mi propiedad. Ha fluido a través de mí, pero no empezó conmigo. Estoy en deuda con aquellos que tanto me han enseñado durante los últimos veinte años acerca del evangelio y los asuntos del corazón. Así que escribí este libro parado sobre los hombros de David Powlison, Paul Tripp, Ed

Welch y muchos otros consejeros bíblicos que se me adelantaron y prepararon el terreno en este asunto del corazón. Gracias por cambiar mi vida y ministerio al ayudarme a entender mejor por qué hago lo que hago. También tengo una deuda de gratitud con C. J. Mahaney por su transformadora serie de sermones "The Idol Factory" ["La fábrica de ídolos"] y por llevar una vida que es digna de imitar. Él ha sido mi mentor por años a través de sus libros y sermones sin haberme conocido nunca. Pero más que a nadie, agradezco a mi Dios por usar a mi querido amigo Stuart Scott para hacer más que solo escribir acerca de los ídolos del corazón. Él se convirtió en mi "Natán" al sentarse frente a Vicki y frente a mí hace veinte años, abrir la Palabra de Dios para aconsejarnos en nuestro matrimonio y enseñarnos por primera vez tantos conceptos que ahora yo comparto en este libro. Dios te usó, Stuart, para hacer mucho más que solo salvar un matrimonio: redefiniste y redirigiste el curso de mi ministerio para la gloria de Dios.

Mi agradecimiento también a Marvin Padgett y el equipo de P&R Publishing por haberse interesado en este proyecto y por arriesgarse con un autor nuevo. Es un gozo haber participado con ustedes en la preparación de este libro.

Finalmente, agradezco a Dios por la forma en que usó a la familia de mi iglesia Grace Fellowship para enseñarme las verdades que hay en este libro. ¡Qué gozo ha sido cambiar y crecer con ustedes, así como amarlos y dirigirlos durante estos dieciséis años! Gracias a cada uno de los que me permitieron usar su testimonio para compartirlo en estos capítulos.

Coram Deo.

INTRODUCCIÓN

MI ESPOSA Y yo estamos casados hace veinticinco años, pero hace veinte, estábamos en guerra. No había camuflaje ni armas, y ninguno de los dos se arrastraba debajo de alambre de púas en nuestra casa móvil. Pero ambos sentíamos constantemente que estábamos caminando en terreno minado en nuestra relación, apagando fuegos inesperados, corriendo a ponernos a cubierto y esquivando los proyectiles que nuestras lenguas disparaban sin cesar. Nuestro matrimonio se había deteriorado hasta llegar a ser como un campo de batalla, y nosotros éramos las fuerzas enemigas.

Y las pérdidas eran muchas.

El amor y las sonrisas que inicialmente habían llenado nuestro hogar, y que habían caracterizado nuestro noviazgo, parecían recuerdos muy lejanos, y yo empecé a preguntarme si esos primeros años no habrían sido un espejismo. Tal vez nos habíamos estado engañando en esa época; tal vez no existía lo que llaman amor verdadero. Quizá lo que teníamos era a lo único que podíamos aspirar. Y, sin embargo, yo sentía que Dios quería algo más para nosotros, tanto para nuestro bien como para su gloria.

Parecía que mi esposa y yo vivíamos en mundos diferentes, pero ninguno de nosotros podía definir qué era lo que había fallado. ¿Cuál había sido nuestra primera equivocación? ¿Dónde nos habíamos alejado del camino de la felicidad conyugal? ¿Y cómo era posible que esta relación, la que Dios había diseñado para nuestro mayor consuelo terrenal, se hubiera convertido en una batalla campal?

Por horas sin fin, discutíamos en círculos, cada uno defendiéndose a sí mismo y culpando al otro. Pedimos auxilio a parejas mayores, esperando que ellos pudieran ayudarnos a entender dónde nos habíamos equivocado. En todos los casos, fueron muy amables y nos ofrecieron algún hilo de verdad bíblica como: "Lo que tienen que hacer es morir cada uno a su *yo*". Pero nadie pudo penetrar más allá de la superficie de nuestras escaramuzas; nadie pudo desenterrar lo que había en el fondo de nuestros corazones y sacar a la luz el problema verdadero: *la idolatría*.

Habíamos abandonado el evangelio como nuestro primer amor y habíamos empezado a atesorar y a aferrarnos a algo muy distinto como razón de nuestras vidas. Éramos traidores o desertores que habíamos dejado de poner a Jesucristo y su dulce evangelio en primer lugar en nuestros corazones, y el resultado era que había causado grandes estragos en nuestro hogar.

Las andanadas de nuestra idolatría se estrellaban contra las del otro, como si fueran las ondas de dos grandes rocas lanzadas en los extremos opuestos de un tranquilo estanque. Pero ninguno de los dos sabía qué hacer para que las aguas recobraran la calma.

Por la gracia de Dios, finalmente encontramos un consejero bíblico y las cosas empezaron a cambiar radicalmente. No fue necesario que nos llevara al evangelio porque ambos habíamos sido cristianos desde la niñez. Yo era el pastor de una iglesia local; leíamos la Biblia y orábamos; ninguno de nosotros había abandonado la fe deliberadamente, pero sí habíamos sustituido a nuestro Salvador con nuestros ídolos, y estos se habían convertido en la fuerza directriz de nuestros corazones. Habíamos caído en la trampa de la cual Dios había advertido a su pueblo muchos años antes cuando dijo: "Porque dos males ha hecho Mi pueblo: Me han abandonado a Mí, fuente de aguas vivas, y han cavado para sí cisternas, cisternas agrietadas que no retienen el agua" (Jeremías 2:13).

Nos habíamos pasado la vida cavando otras cisternas de las que esperábamos obtener aguas vivas para sustentarnos, llenarnos y traernos paz y gozo. Y el acto de cavar no había empezado el día de nuestra boda; había estado realizándose durante años. Simplemente importamos esa práctica a nuestro matrimonio. Las presiones del matrimonio y el ministerio, junto con la intimidad el uno con el otro, ambos pecadores, sencillamente trajeron a la superficie lo que había estado agazapado en nuestros corazones desde el principio.

Así que si tú y tu cónyuge o tú y alguien más están en la misma situación en la que estuvimos nosotros hace casi veinte años, tal vez estén diciendo: "¡Ayúdanos! ¿Qué dijo el consejero que marcó tal diferencia? ¿Qué fue lo que aprendieron de la Palabra de Dios que transformó su matrimonio de tal manera?".

Eso es exactamente lo que quiero compartir contigo en los capítulos que siguen.

La luz nos alumbró cuando el consejero nos ayudó a identificar, y nos llevó a arrepentirnos de, las formas en que habíamos permitido que otros deseos, metas y anhelos destronaran de nuestros corazones a nuestro Salvador y su evangelio. Reconocimos todas aquellas formas en que habíamos permitido que esos ídolos se fueran arraigando en nuestros corazones y gobernaran en su lugar.

Él nos enseñó, basado en Ezequiel 14 y Santiago 4:1-3, que tenemos ídolos en nuestro corazón, lo cual fue muy nuevo para nosotros. No habíamos ido a ver a un consejero creyendo que éramos idólatras; solo sabíamos que nuestro matrimonio andaba mal, y cada uno creía que el otro era el que necesitaba cambiar. Ambos habíamos crecido en la Iglesia, y nunca se nos había enseñado el peligro de poner algo antes que Jesucristo y su evangelio y permitir que gobernara nuestros corazones.

Mi momento de revelación llegó cuando me golpeó de repente la verdad de que lo que más me importaba en lo más profundo de mi corazón ("Debo lograr que todos en la iglesia piensen bien de mí") tenía un impacto directo no solo en la forma en que trataba a mi esposa, sino en todas mis decisiones de cada día. Descubrir los ídolos que había en mi corazón me ayudó a dar pasos gigantescos hacia la solución de los continuos conflictos de nuestro matrimonio. Apartó el blanco de mis ataques de mi esposa y los centró en mi corazón, de tal manera que pude empezar a trabajar en algo más que "ser simpático" o cortés, o invitarla a salir una que otra vez.

Cuando me vi de cara al horrible monstruo que era mi corazón idólatra, tuve la libertad para ver por primera vez al enemigo verdadero. Aquello me humilló y aumentó mi amor y aprecio por el evangelio y mi Salvador. También ha profundizado mi dependencia en Cristo para que sea él quien dirija mi vida momento a momento.

Y ha sido muy difícil.

Sin duda, el valle estaba lleno de sombras, pero Dios ha hecho un trabajo increíble, no solo en nuestro matrimonio (ahora somos los mejores amigos y amantes), sino en la forma en que predico y enseño y en cómo me relaciono con otros, tanto dentro como fuera de la familia de la Iglesia. Siempre tengo en mente a Efesios 3:20, pues entiendo que realmente Dios "es poderoso para hacer todas las cosas mucho más abundantemente de lo que pedimos o entendemos". Mi esposa y yo anhelábamos desesperadamente quedar libres de un matrimonio que nos hacía sentir atrapados, pero Dios hizo mucho más: revolucionó nuestro ministerio y nuestra pasión por el evangelio, por nuestro Salvador, y por la Iglesia.

Ruego que Dios use este libro para transmitir a tantas personas como sea posible el efecto transformador que tiene descubrir y arrepentirnos de los ídolos del corazón.

En los capítulos que siguen, explicaré un plan para ayudarte a identificar y destruir los ídolos que te mantienen esclavizado a ciertos pecados que hay en tu vida, pecados que te impiden experimentar el gozo y la libertad del evangelio. Te mostraré cómo hacer para que lo principal siempre sea lo principal. Pero te advierto que no es divertido. Te provocará dolor, y se pondrá bastante feo cuando empieces a ver lo que realmente está sucediendo en tu corazón.

Pon tus ojos en Cristo. No dejes que este estudio te convierta en un obsesivo analista de tu interior, en alguien que está más ocupado en examinar su propio corazón que en deleitarse en su Salvador. Pon tus ojos en Cristo, y en las maravillas que él ha puesto delante de ti, a medida que se adentra en el oscuro laberinto de tu corazón.

Así que, antes de empezar, detente y pídele a Dios que te muestre más de la belleza de tu Salvador, incluso al tiempo que te revela más de la fealdad y el engaño que hay en tu corazón idólatra.

PARTE 1

ENTONCES,
¿CUÁL ES EL PROBLEMA?

1

LA IDOLATRÍA COMIENZA AL APARTARNOS DEL EVANGELIO

EL ESTUDIO BÍBLICO exhaustivo de lo que es la idolatría cambió dramáticamente mi propia vida y puso de manifiesto lo mucho que me había apartado del evangelio. De hecho, cambió mi perspectiva de todo: mi matrimonio, la forma de criar a mis hijos, mi pastorado y la consejería que daba.

La idolatría es quizá el tema más generalizado de la Biblia. Pensamos que los grandes temas de la Biblia son la gracia de Dios, la gloria divina, la soberanía de Dios. Nos encanta hablar de ellos (y así es como debe ser), pero hay otro tema poco estudiado, cuyos hilos se entretejen en toda la Biblia: los ídolos del corazón. Y esa idolatría ofende a nuestro Salvador y afecta la libertad que él compró para nosotros en la cruz.

Cuando acudimos a los ídolos, nos alejamos del evangelio y de nuestro Salvador que proclama el evangelio, así que el problema no es periférico, sino muy céntrico. Cualquier cosa que impida que el evangelio esté en el centro de tu vida afectará dramáticamente la forma en que vives y coartará el grado en que puedes glorificar al Señor. Y cuando el evangelio pierde su lugar preponderante, el sistema inmunológico espiritual de tu vida deja de funcionar, dejándote indefenso ante una miríada de enfermedades espirituales.

Por esa razón, en los versículos 1 y 3 de 1 Corintios 15, Pablo enfatizó la primacía del evangelio: "Ahora les hago saber, hermanos, el evangelio que les prediqué, el cual también ustedes recibieron, en el cual también están firmes. [...] Porque yo les entregué en primer lugar lo mismo que recibí: que Cristo murió por nuestros pecados, conforme a las Escrituras". El pastor C. J. Mahaney dijo: "Si existe algo en la vida por lo cual vale la pena ser apasionados, es el evangelio. Me refiero a ser apasionados cuando pensamos en él, permaneciendo en él, regocijándonos en él, permitiendo que ilumine la forma en que vemos el mundo. Solo una cosa debe ser de primordial importancia para cada uno de nosotros. Y esta debe ser el evangelio".[1]

LOS ÍDOLOS ENTRAN CUANDO SALE EL EVANGELIO

Y, aun así, muchos cristianos viven cada día conformándose con que el lugar central en sus vidas lo ocupe algo distinto al evangelio. Cuando menciono la palabra idolatría, podrás pensar: "Eso dice el Antiguo Testamento. Como iglesia neotestamentaria, vivimos bajo la gracia". ¿Es eso lo que piensas? ¿Consideras que la idolatría solo existió en el Antiguo Testamento? ¿O crees que se trata de levantar estatuas o imágenes o inclinarse ante ellas? ¿Alguna vez la relacionas contigo? Si no, ahí es precisamente donde radica el problema.

El consejero bíblico y escritor David Powlison observa: "La idolatría es, por mucho, el problema que más se discute en la Biblia. [...] La relevancia de grandes porciones de las Escrituras depende de nuestra comprensión de la idolatría".[2]

LA IDOLATRÍA ES UN PROBLEMA MUY GENERALIZADO HOY EN DÍA

Pero si todavía estás pensando: "Sí, por supuesto que la idolatría es muy importante, pero lo fue en el Antiguo Testamento, no donde yo vivo", entonces echa un vistazo a un solo versículo, el último, del pequeño libro de 1 Juan en el Nuevo Testamento. Es importante observar la forma en que Juan termina su carta. Después de escribir 105 versículos acerca de la vital importancia que tiene una comunión cálida, vibrante y amorosa con Jesucristo nuestro Salvador, ¿cómo termina el apóstol? De todas las formas en que podría terminar su apasionada carta, finaliza haciendo en 1 Juan 5:21 esta solemne advertencia: "Hijos, aléjense de los ídolos. Amén".

Entonces, ¿qué has estado haciendo con este versículo? ¿Lo has estado evadiendo, saltando, ignorando, o te has estado preguntando por qué está ahí? ¿Acaso Juan perdió el hilo de sus pensamientos? ¿Quería cambiar de tema? ¿Es un error del escriba? De ninguna manera. Es que la traición del evangelio, el alejarse de Jesús, inevitablemente nos lleva a la idolatría. Por naturaleza, somos adoradores. Nuestros corazones no solo se alejan sin motivo; el alejamiento siempre es del evangelio, lejos de nuestro Salvador y hacia la sujeción a algo o alguien más.

La última pequeña línea de la carta de Juan nos deja haciéndonos la pregunta más básica de todas, la cuestión que Dios trae a nuestros corazones cada momento de cada día: ¿acaso algo o alguien, aparte de Jesucristo, ha adquirido el título de propiedad de mi corazón? ¿Hay algo o alguien que controla mi confianza, mi lealtad y mis anhelos?

Tú dirás: "Claro que no. Yo puse mi confianza en Cristo cuando me hice cristiano. Él tiene el título de propiedad de mi corazón". Desgraciadamente, sucede que, aunque Cristo posee la propiedad, vivimos como traidores porque les hemos dado el derecho de propiedad a otras personas o cosas. Sí, Cristo es el propietario y eso será evidente cuando todo haya pasado. Pero todo el tiempo tendemos a entregarles nuestros corazones a distintos usurpadores. Por eso es que Juan nos deja con la advertencia: *aléjense de los ídolos*. No entregues tu corazón a otros como si fueras un huérfano espiritual o una prostituta.

La vida cristiana es algo más que solo tratar de permanecer conectados con Cristo y amarlo. Si no mantienes un ojo vigilante para detectar a los ídolos y destruirlos, inevitablemente quedarás atrapado.

Tal vez confieses con tus labios: "Jesús es el Señor", pero en tu vida cotidiana y práctica, ¿qué es lo que realmente te motiva? La mayoría de nosotros tenemos una teología confesional que se oye muy bien y que se alinea con la sana doctrina bíblica, pero lo que realmente nos mueve en la mañana de los lunes es nuestra teología práctica o funcional, la que puede estar muy lejos de la primera. Tú puedes decir: "Jesús es el Señor", pero tu vida, tus pensamientos, deseos y afectos pueden estar dominados por algo diferente, como obtener la aprobación de tu cónyuge, subir en el escalafón de la empresa o tener la familia ideal. Si esto es cierto, solo te estás engañando a ti mismo, porque esas otras cosas realmente son tu señor, tu ídolo, y el evangelio y Jesucristo han quedado relegados al margen. Esa otra idea, persona o sueño es tu amo, y se apodera de ti sin que te des cuenta.

NUESTRA IDOLATRÍA PASA DESAPERCIBIDA

Nadie despierta un día y dice: "Voy a empezar a vivir para obtener la aprobación y afecto de mi cónyuge. Desde hoy, esa será mi pasión gobernante y me rehúso a buscar consuelo en Dios, en su Palabra y en sus promesas, hasta que obtenga la aprobación y afecto de mi cónyuge que tanto anhelo". Nadie pronuncia ese pensamiento en voz alta. Nadie lo escribe y hace copias para repartir entre sus amigos, familiares y colegas. Aun así, tú has hecho un cambio interno definitivo que afecta la forma en que piensas y actúas en relación con los demás. Y a eso se debe que tu comportamiento y actitudes sean tan confusos para quienes te rodean.

Millones de personas, incluidos los cristianos, viven de esta forma quizá sin saberlo. Están atrapados, engañados, y se sienten infelices porque han creado un dios funcional de algo o alguien diferente del único Dios vivo y verdadero, lo cual lleva a una vida triste y caótica todo el tiempo. Parte de lo que hace que esta batalla sea tan difícil es que no reconocemos la idolatría en la que hemos caído. Sí detectamos que hay tristeza y caos, aumentamos nuestras oraciones —así como las quejas—, pero después de un tiempo, nos seguimos sintiendo infelices, y empezamos a dudar de la fidelidad de Dios y el poder de la oración porque no nos ayudan a obtener lo que queremos.

Pero a diferencia de nosotros, Dios ve todo perfectamente. Nosotros no vemos que lo que le pedimos a Dios es que nos dé un ídolo, pero él sí lo sabe. Él ve que nos hemos apartado del evangelio y de nuestro Salvador como única fuente de gozo y propósito. Dios no va a ayudarnos a perseguir a nuestros ídolos. Él es un Dios celoso. En Isaías 42:8, él proclama lo siguiente: "Yo soy el Señor, ese es Mi nombre; Mi gloria a otro no daré, ni Mi alabanza a imágenes talladas". Cuando Dios nos ve perseguir la gloria de otra cosa, él no nos va a ayudar a obtenerla. Ora cuanto quieras, ayuna, abstente de tus postres y comida chatarra favoritos; nada de esto sirve porque Dios detecta la idolatría.

Entonces, ¿por qué no la detectamos nosotros?

Dios nos ha dado su Palabra para usarla como sales olfativas, para despertarnos del coma idolátrico en que vivimos tan a menudo. Pasamos la mayor parte del tiempo encerrados en nuestro propio sistema de creencias y viviendo derrotados hasta que abrimos la Palabra de Dios y, de repente, ¡*pum*! Una llamada de atención: hemos estado viendo las cosas en forma equivocada; no hemos visto el cuadro completo. Hay partes de la Escritura que no hemos tomado en cuenta. Y la Palabra de Dios nos trae de regreso al Salvador, de regreso al evangelio.

Por si no te has dado cuenta todavía, Cristo es el personaje principal de la Biblia, y la redención —el evangelio— es el tema general. ¿Por qué? Porque Dios sabe que nos alejamos y necesitamos ser traídos una y otra vez de regreso al Salvador y al evangelio, que es el que puede destruir el pecado y los ídolos.

LA IDOLATRÍA ES UNA BATALLA DE TODA LA VIDA

Ahora bien, antes de que te emociones demasiado acerca de regresar a tu Salvador y al evangelio, y de lidiar con los ídolos del corazón —y yo espero que te sientas emocionado de hacerlo—, permíteme darte una palabra de advertencia. No pienses: "Grandioso, este es el día en que voy a derribar todos los ídolos de mi corazón. En cuanto descubra cuáles son, tendré un increíble culto de renacimiento y me arrepentiré de todos ellos y asunto terminado. Me voy a mantener a los pies de Jesús como hizo María en Lucas 10, y jamás me apartaré de ahí. No necesito leer el resto de *este* libro porque este será el final; habré terminado con esto".

Me gustaría que eso fuera cierto. Pero tú debes entender que detectar y derribar a los ídolos es una lucha continua, no una sola batalla. Sin duda, habrá muchas batallas. Pero será difícil porque los ídolos no se dejan derrotar muy fácilmente. No se dan por vencidos. Es mejor pensar en términos de una guerra con múltiples batallas que durará tanto tiempo como Cristo te permita vivir.

Jeremías 17:9 dice: "Más engañoso que todo es el corazón, y sin remedio; ¿quién lo comprenderá?". A eso se debe que esta batalla no pueda ganarse con algunas pequeñas técnicas cristianas o ardides que aprendas en un libro comprado en tu librería cristiana más cercana. Esta guerra solo puede ganarse con la espada del Espíritu; la Palabra de Dios penetra todas las capas protectoras para sacar a la luz y examinar lo que realmente está pasando; solo así puede iniciarse un cambio verdadero. Debes centrarte en la Palabra de

Dios más que en alguna técnica o en ardides. Haz que la Palabra de Dios sea tu guía para alcanzar la libertad de los ídolos.

Santiago 4:1-3 nos dice la verdad completa: "¿De dónde vienen las guerras y los conflictos entre ustedes? ¿No vienen de las pasiones que combaten en sus miembros? Ustedes codician y no tienen, por eso cometen homicidio. Son envidiosos y no pueden obtener, por eso combaten y hacen guerra. No tienen, porque no piden. Piden y no reciben, porque piden con malos propósitos, para gastarlo en sus placeres". Observa que este pasaje relaciona la oración con todo el asunto. Muchas veces, cuando no recibimos la respuesta a nuestra oración, nos sentimos frustrados y pensamos: "¡Ey! No le estoy pidiendo a Dios que me dé un casino o una tienda de pornografía, así que debería concederme lo que le pido. Lo que yo quiero es bueno. Quiero tener hijos consagrados. Quiero que mi cónyuge me trate como se supone que dice Efesios 5". Bueno, adivina qué: pedimos sin saber, porque muy a menudo queremos algo solo porque haría que nuestras vidas fueran más cómodas.

Dios no es un Padre complaciente que está en el cielo. No es un Santa Claus cósmico que siempre está buscando la manera de que estemos más a gusto. Más bien, está buscando la manera de que seamos más como Cristo, así que quiere mostrarte cómo responder cuando no logras que las cosas se hagan a tu manera. ¿Lo amas lo suficiente como para continuar alegremente cuando tu esposo no es un esposo Efesios 5? ¿Sigues amando a Dios a pesar de que tu empleo no es lo que deseas? ¿Puedes seguir viviendo con gozo, sirviéndolo, agradándole y poniendo buena cara en un trabajo que odias en lo más íntimo?

Piénsalo. ¿Cuándo creces más? ¿Cuando tienes un marido hecho a la medida de tus deseos? ¿Cuándo te asemejas más a Cristo y lo reclamas en una oración desesperada mientras buscas en las Escrituras? ¿Cuando tu mundo está en el perfecto orden que quieres que tenga? No. Es cuando tu esposo no es lo que quieres que sea; cuando tu empleo no es lo que habías soñado, cuando tu salud se deteriora, cuando tus hijos se rebelan. Es entonces cuando Dios se acerca a ti y te transforma a la imagen de su Hijo Jesucristo.

LA IDOLATRÍA ES UNA OFENSA DESCARADA ANTE DIOS

¿Por qué es tan importante el tema de la idolatría? La respuesta corta es que esta ofende a Dios. En Mateo 22:37-38, Jesús citó a Deuteronomio 6:5: "'Amarás al Señor tu Dios con todo tu corazón, y con toda tu alma, y con toda tu mente'. Este es el grande y primer mandamiento". En Éxodo 20:3, Dios nos dice que el mandamiento número uno es: "No tendrás otros dioses delante de Mí". Esto es fundamental.

Ahora, permíteme darte la definición de un ídolo: *Un ídolo es cualquier cosa o persona que apresa nuestros corazones, mentes y afectos más que Dios.*

Así que, ¿qué puede ser un ídolo en tu vida? Cualquier cosa. Por eso estamos metidos en tantos problemas, porque absolutamente cualquier cosa puede convertirse en un ídolo. Aun las cosas buenas, cuando se anhelan en demasía, se convierten en ídolos. Los puritanos llamaban a tales cosas "deseos desordenados". La idolatría consiste en adorar a alguien o algo, lo que anhelas tener, aquello en lo cual está centrado tu corazón. La idolatría es de suma importancia porque ofende a Dios de manera descarada.

LA IDOLATRÍA ES LA PRINCIPAL RAZÓN POR LA QUE PECAMOS

El tema de la idolatría es muy importante porque se infiltra y toma posesión del corazón, el centro de mando, y determina la forma en que pecamos, cuándo pecamos y con quién lo hacemos. Piensa en ello como una rueda de bicicleta. El eje es el corazón donde se encuentran los ídolos. Cada rayo es un pecado específico, y todos se conectan con el centro, el corazón.

En la guerra contra el pecado, no debes estar satisfecho con solo dejar de pecar. A medida que trabajas con tus hijos, con tu cónyuge y contigo mismo para identificar los ídolos de tu corazón, puedes llegar a entender por qué te tornas tan irritable o por qué levantas la voz. Cuando identificamos a los ídolos del corazón, la marea empieza a retroceder. No es suficiente con solo memorizar algunos versículos bíblicos relacionados con la ira y el dominio propio. ¡Ve tras el corazón! Existen problemas del corazón detrás de esa ira. Cuando alguien se enfurece en el hogar o en público, puedes estar seguro de que *alguien más* ha amenazado a alguno de tus ídolos, ¡y la guerra está por empezar!

El enojo, la irritabilidad y las explosiones verbales son indicadores de que hay problemas en el corazón porque se ha desviado. Cuando reaccionas ante otra persona, ¿qué es lo que estás protegiendo? O ¿qué es lo que quieres obtener? Maridos, ¿no es verdad que la Biblia dice que las esposas deben respetarnos? Sí, pero si vives imponiendo el antiguo dicho de "debes respetarme" a cada momento, y diciéndote a ti mismo constantemente "Mi esposa debe respetarme", inevitablemente vivirás en un constante estado de hipervigilancia e hipersensibilidad; estarás perpetuamente enojado, fiscalizando de continuo el comportamiento de tu esposa porque, según tú, el respeto no solo es algo que Dios ordenó a tu esposa, sino algo que piensas que *debes obtener* para ser feliz.

En muchas ocasiones, las raíces de los conflictos que enfrentas se pueden encontrar en tus propios deseos, como vemos en Santiago 4:1-3. Tú piensas: "Debo tener el respeto" o "Yo debo… lo que sea". Esto hace que exista una guerra entre tú y cualquiera que se interponga en lo que deseas. Y luego clamas a Dios en oración, y de todos modos no recibes respuesta porque no sabes pedir bien: "¡Señor, cámbiala! Tú sabes que necesito respeto. Dios, tú sabes cuán importante es esto para mí. Mírala Dios; haz algo". Pero Dios no va a contestar una oración de esa naturaleza. Es muy posible que, más bien, él esté de pie sosteniendo una viga de un metro de largo, deseando darte con ella en la cabeza y decirte: "Guarda silencio y ámala; deja de adorarte a ti mismo pensando que eres tan importante".

La raíz de nuestro pecado siempre puede encontrarse en nuestros ídolos. John Piper resumió esto de la siguiente manera: "El pecado es lo que hacemos cuando no estamos satisfechos con Dios". Permíteme darte un principio de corolario que puedes usar con respecto a los ídolos. *El pecado es algo que cometes cuando estás buscando algo que no es Dios; es decir, uno de tus ídolos.* La idolatría está en el centro del escenario de mi corazón y del tuyo porque la idolatría no es otra cosa que una metáfora de los deseos humanos, los anhelos y las exigencias egoístas.

Esto es lo que vemos en Efesios 5 y en Colosenses 3, donde Pablo hace una lista de pecados: "inmoral, impuro o avaro", y enseguida inserta esta frase: "que es idólatra" (Efesios 5:5) y "la fornicación, la impureza, las pasiones, los malos deseos y la avaricia, que es idolatría" (Colosenses 3:5). Pablo relaciona la avaricia con la idolatría. Generalmente pensamos: "La fornicación... no quiero hacer eso, pero la avaricia no es algo tan importante, ¿o sí?". Pero Pablo dice: "O avaro, que es idólatra...". Cuando quieres algo que no es Dios, aunque sea algo bueno, Dios lo toma muy en serio. En ese momento, él viene por ti. Él viene por ti para su propia gloria y por tu bien, porque la vida para nosotros será mejor, porque la vida para nosotros es mejor, sin ídolos. La vida para nosotros es mejor cuando nos deleitamos en el evangelio y en amar a Jesucristo como nuestro más valioso tesoro. La vida para nosotros es mejor cuando nos centramos en Dios y nos liberamos de los ídolos.

2

LA IDOLATRÍA ES UN TRABAJO INTERIOR

LA IDOLATRÍA ES NUESTRA TENDENCIA NATURAL

Nadie tiene que aprender a ser idólatra. Lo descubrimos por nosotros mismos y muy temprano en la vida. Ningún jardín de niños tiene que ofrecer entrenamiento en esa área como lo hace en colores, números y plastilina. Los niños lo aprenden por sí mismos. A menudo, los ídolos que hay en tu corazón, y con los que tienes que luchar en la actualidad empezaron cuando eras pequeño, y has pasado la mayor parte de tu vida perfeccionándolos y protegiéndolos.

Dios nos llama, por su Espíritu y su gracia, a dejar de perfeccionar y proteger nuestros ídolos y, más bien, quiere que los rechacemos. Pero es difícil, no solo porque no quieren alejarse de nosotros, sino también porque realmente no queremos perderlos. Tal vez el problema con el que estás luchando, junto con el ídolo que está detrás de él, ha estado en tu corazón por un largo tiempo, y tú no lo reconoces como enemigo. Más bien se ha vuelto tu amigo, un compañero con el que te sientes a gusto; incluso es como una manta que te da seguridad de alguna manera. Crees que así es como eres y esta es la forma en que transitas por la vida.

Es difícil rechazar la idolatría. No desechas a tu amada manta de seguridad de un momento a otro. Se requiere de la obra de Dios, en especial si has estado operando de esta manera por un largo tiempo. La tentación es hacer solo una leve modificación, mantener el ídolo, acicalarlo, ponerle una camiseta cristiana. Ese es el peligro: retocar en lugar de efectuar una amputación radical y decir: "No puedo seguir viviendo así. Este ídolo no honra a Dios y me está dominando".

ASÍ QUE, ¿CÓMO TE CONVERTISTE EN UN IDÓLATRA?

¿Cómo nos convertimos en idólatras? Llegamos a este mundo conscientes de un Dios glorioso, conscientes de él a través de la creación y la conciencia. Salmos 19:1 proclama: "Los cielos proclaman la gloria de Dios, y el firmamento anuncia la obra de Sus manos". Lo sabemos. Ha estado resonando en nuestro interior desde que podemos recordarlo. Dios está presente. Observa las montañas, los océanos, a un recién nacido. Dios, Dios, Dios, Dios, Dios. Romanos 1:19-20 dice: "Pero lo que se conoce acerca de Dios" —¿qué se conoce?— "es evidente dentro de ellos, pues Dios se lo hizo evidente. Porque desde la creación del mundo, Sus atributos invisibles, Su eterno poder y divinidad, se han visto con toda claridad, siendo entendidos por medio de lo creado, de manera que ellos no tienen excusa". Lo vemos; lo sabemos.

Y también tenemos la conciencia. Romanos 2:15 explica que Dios puso su ley en nuestros corazones, en nuestra conciencia, para que sepamos que él es Dios. Así como hizo con los israelitas del Antiguo Testamento, Dios nos ha dado un asiento de primera fila para ver su gloria y su poder. Así que, ¿por qué nos alejamos de Dios y nos vamos tras los becerros de oro de la idolatría? Cuando leemos Éxodo, pensamos: "¿Qué les pasaba a los israelitas? Dios los acababa de sacar de Egipto a través del mar Rojo; hizo que las aguas se dividieran; arrasó con los egipcios; envió ranas y toda clase de plagas contra el Faraón. Dios estaba presente y a la vista, pero solo unas pocas semanas después, al pie del monte Sinaí, hicieron un becerro de oro. ¿Qué le pasaba a esa gente?". Pero no somos capaces de verlo en nuestras propias vidas. Cuando nos llega la siguiente prueba, no recordamos la última cosa buena y gloriosa que Dios hizo por nosotros. Lo único que vemos es el momento presente, la prueba actual, y empezamos a fabricar nuestros becerros de oro en lugar de confiar en Dios.

He aquí el dilema: sí, Dios es glorioso; sí, él es poderoso. Pero no siempre sigue nuestro cronograma. Ese fue el problema de los israelitas. Ellos pensaban que Moisés se estaba retrasando demasiado. "Él no regresa", dijeron. "Tenemos que resolver este problema por nosotros mismos". Con esto mismo luchamos nosotros, con el cronograma. El cronograma de Dios no es como el nuestro. Así que buscamos algo sobre lo que *sí* tenemos el control, aunque no nos ayude demasiado. Nuestros ídolos no nos ayudan gran cosa; más bien, nos hacen daño, nos cuestan mucho, pero pensamos que son más predecibles que Dios y, además, nos mantienen en el asiento del conductor.

Hay algo muy impredecible en Dios que no nos gusta. Por supuesto no quiero sugerir que, como nosotros, él no es confiable. Más bien, lo que sucede es que Dios no se revela a nosotros tan completamente como para que sepamos exactamente lo que va a hacer y cómo lo va a hacer en todo momento y circunstancia, y eso nos vuelve locos. Podemos saber lo que Dios hizo la última vez en una situación específica, así que suponemos que lo hará de la misma manera todo el tiempo. Pero no sucede así. Y el Señor no nos manda memorándums diciendo: "Me doy cuenta de lo que acaba de sobrevenir en tu vida, y quiero que sepas que ya estoy trabajando en ello. Este es el cronograma…". Y por eso es que acudimos a los ídolos, a veces, aunque tan solo sea para eliminar el sentimiento incómodo de esperar y depender de Dios.

Dios es bueno, pero no es seguro. Él va a trastornar tu vida, no por el gusto de hacerlo, sino para conformarte a imagen de Cristo.

Sin embargo, nuestra carne quiere retirar ese sentimiento incómodo de nuestro andar cristiano, y los ídolos nos ofrecen una manera de lograrlo. Pero esto es una mentira, una promesa falsa.

Porque los ídolos no cumplen sus promesas.

De esto es de lo que habla Romanos 1:21-25: "Pues aunque conocían a Dios" —todos comenzamos conociendo a Dios—, "no lo honraron como a Dios ni le dieron gracias, sino que se hicieron vanos en sus razonamientos y su necio corazón fue entenebrecido. Profesando ser sabios, se volvieron necios", —observa esto— "y cambiaron la gloria del Dios incorruptible por una imagen en forma de hombre corruptible, de aves, de cuadrúpedos y de reptiles. Por lo cual Dios los entregó a la impureza en la lujuria de sus corazones, de modo que deshonraron entre sí sus propios cuerpos. Porque ellos cambiaron la verdad de Dios por la mentira, y adoraron y sirvieron a la criatura en lugar del Creador". Aquí está el gran intercambio: cambiaron la gloria de Dios por cosas semejantes al hombre corruptible; "la verdad de Dios por la mentira, y adoraron y sirvieron a la criatura en lugar del Creador" (v. 25). Cualquier cosa que intercambies por Dios es una mentira. Y esta no cumplirá lo que promete.

Por ejemplo, Dios nos dio el matrimonio. Es su regalo, su diseño, su institución. Pero si pones todos los huevos en esa canasta, pensando: "El matrimonio me va a traer toda la paz, toda la esperanza, todo el amor, todo el gozo que deseo…", entonces te has condenado a ti mismo a una inacabable decepción y angustia. El matrimonio no puede soportar esa carga. No fue diseñado para soportar todo eso.

¿Y qué de los hijos? ¿Acaso no son una bendición del Señor? Por supuesto que sí. Pero si pones toda tu esperanza, toda tu expectativa de gozo y seguridad en esos hijos, te enfrentas a un futuro miserable. Paul Tripp dice: "Los hijos son trofeos horribles".[1] Ámalos, disfruta de ellos, entrénalos, trabaja con ellos, pero no los conviertas en tus trofeos, porque sin duda te espera un futuro lleno de tristeza.

Richard Keyes escribió lo siguiente:

Después de la Caída, la reacción natural del hombre al verdadero Dios fue rebeldía y descarrío. El pecado nos predispone a buscar la independencia de Dios, a ser la ley en nosotros mismos, a ser autónomos, para poder hacer lo que queramos sin rendirnos a su autoridad. Al nivel más básico, los ídolos son lo que interpretamos que es la evidencia de Dios que está dentro de nosotros y en el mundo porque no queremos enfrentar la cara de Dios mismo en su majestad y santidad. En lugar de voltear hacia el Creador y tener que tratar con su Señorío, nos orientamos hacia su creación, donde podemos tener mayor libertad para controlar y llevar nuestras vidas en la dirección que deseamos.[2]

Ahora mira esto: "Sin embargo, puesto que fuimos hechos para relacionarnos con Dios, pero no queremos verlo cara a cara, constantemente agrandamos las cosas de este mundo a proporciones religiosas para poder llenar el vacío que quedó por la exclusión de Dios".[3]

Vivimos en una cultura que constantemente está agrandando las cosas de este mundo a proporciones religiosas, tratando de llenar el vacío que ha quedado después de hacer a un lado a Dios. Vemos este fenómeno en los deportes, que en los Estados Unidos se han convertido en los más horribles ídolos que enfrentamos. Una época de primavera, cuando se iniciaba la temporada de béisbol, vi un comercial que mostraba escenas de los grandes momentos del año anterior. Terminaba diciendo: "Yo vivo para esto". Por esa misma época, ESPN estaba pasando una serie de comerciales que preguntaban: "¿De qué hablaríamos si no tuviéramos deportes?".

También se ve en las familias, aun cristianas, que viajan con sus hijos por toda la tierra de Dios pensando: "Mi hijo es realmente bueno. Está en una liga especial". Básicamente, esto significa que la familia deja de ir a la iglesia tres de cada cuatro domingos al mes con tal de que el pequeño pueda patear una pelota, brincar de una barra de equilibrio o montar a caballo. Y ese niño, mientras es llevado de un evento deportivo a otro usando un uniforme muy bonito, piensa:

"De esto se trata todo. Esto es tan importante para mis padres, que todo nuestro hogar gira alrededor de esto. Yo vivo para esto".

No quiero decir que no puedes pertenecer a una liga o que no puedes jugar a la pelota. Pero padres, no nos doblemos ante ese ídolo. Como cristianos, seguidores de Cristo Jesús, tenemos un llamado más alto. Me rompe el corazón ver que los cristianos están siendo engullidos por el torbellino como todos los demás. Me duele cuando veo a algunos que faltaron al culto del domingo y les digo: "Hermanos, los extrañé mucho" y ellos responden: "Bueno usted sabe que estamos en la temporada equis, y los niños están en una liga especial, y...".

Randy Patten tiene un gran principio: "Solo añádele diez". Ahora tiene ocho años, pero solo súmale diez más y dime dónde estará tu hija un domingo en la mañana cuando tenga dieciocho años después de que la has llevado a distintas canchas de fútbol tres de cada cuatro domingos durante toda su vida. ¿En verdad crees que regresará a la iglesia, pensando que es muy importante? Si lo crees, te estás engañando a ti mismo.

En cuanto nos alejamos de Cristo y de la centralidad del evangelio, empezamos a erigir sustitutos para Dios. Es por eso que nuestra cultura está tan desesperada por hacer héroes y celebridades de cualquier cosa o persona, porque nuestro anhelo innato por Dios y la libertad de su evangelio han sido rechazados por nosotros como pueblo. Y tratamos de llenar el vacío con la adoración de héroes y celebridades. G. K. Chesterton dio en el clavo cuando dijo: "Cuando dejamos de adorar a Dios, no es que adoramos otra cosa. Adoramos cualquier cosa".[4]

¿CÓMO PUEDES EMPEZAR A LIDIAR CON LA IDOLATRÍA EN TU PROPIA VIDA?

Así que, ¿cómo empiezas a tratar con la idolatría? Permíteme darte algunas tareas. Acércate a Dios. Al final de este capítulo, hay un ejercicio para que lo trabajes. Tómate tu tiempo; no solo llenes los espacios vacíos. Tómalo en serio y aplícalo a tu vida. Como dice

Jeremías 17:9, "Más engañoso que todo es el corazón, y sin remedio; ¿quién lo comprenderá?". Dios lo conoce y te ayudará a conocerlo. No tienes que ser un maestro analista o tener la más aguda percepción o un título en consejería bíblica. Solo ten la disposición de hacer lo que dice Salmos 139:23: "Escudríñame, oh Dios, y conoce mi corazón; pruébame y conoce mis inquietudes".

¿Y en qué pensamos tan a menudo? En nuestros ídolos. Pensamos: "¿Qué sucederá si no obtengo lo que quiero? ¿Qué si lo pierdo?". En vez, deberíamos orar al Señor, pidiendo: "Pruébame y ve si hay en mí pensamientos ansiosos, y ve si estoy actuando con perversidad, y guíame por el camino eterno".

No hagas esto solo una vez. Hazlo tres veces. No porque Dios no hable claramente, sino porque nosotros somos muy malos escuchas. La primera vez no entenderás todo lo que él quiere decirte. Siéntate tres veces, a solas y en quietud con Dios durante diez o quince minutos cada vez. Ora con esta oración —Salmos 139:23-24— y di: "Dios, yo quiero saber. En verdad lo quiero. Aunque me duela, yo quiero saber. Muéstrame los ídolos que hay en mi corazón y que te están deshonrando y me están alejando de ti". Y recuerda que tu ídolo tal vez no es algo horrible o evidente que está acechándote desde el trono de tu corazón; de hecho, para un creyente, a menudo no sucede así. Generalmente, es algo que no podemos reconocer en nosotros mismos. Creemos que estamos haciendo lo correcto por las razones correctas, y a menudo hasta citamos referencias bíblicas para justificarlo.

El consejero David Powlison nos da este ejemplo:

> Una mujer comete adulterio y se arrepiente. Junto con su esposo, rehace su matrimonio con no poco sufrimiento y paciencia. Ocho meses después, el hombre se siente atosigado por varias sospechas sutiles. La esposa lo percibe y se siente como que vive bajo el espionaje del FBI. El marido lamenta tener esas sospechas porque no tiene razones objetivas para tenerlas. "Ya la perdoné. Hemos reconstruido nuestro matrimonio. Nuestra comunicación es la

mejor que hemos tenido nunca. ¿Por qué desconfío de ella?". Lo que finalmente surge en la consejería es que él estuvo dispuesto a perdonar el pasado, pero está tratando de controlar el futuro.

Su preocupación puede entenderse así: "Quiero estar seguro de que nunca, nunca más me va a traicionar". La exagerada intensidad de su deseo empieza a envenenar la relación. A él lo pone en la situación de evaluar y juzgar a su esposa continuamente en vez de amarla. Lo que él quiere no se puede garantizar de este lado de la gloria.[5]

Con frecuencia, tengo el desagradable privilegio de decir esto a las personas. Ellos quieren tener un principio bíblico o alguna manera en que yo pueda prometerles que lo que pasó no volverá a suceder. No existe tal cosa. Vivimos en un mundo inseguro e impredecible, pero tenemos a un Dios muy bueno y soberano que tiene el control de las cosas, que tiene un plan y que se preocupa por nosotros. Pero no hay garantía de este lado de la gloria de que no volverá a pasarnos alguna vez lo que ya sucedió.

Powlison continúa diciendo: "El marido comprende la situación. Reconoce que su deseo de asegurar el futuro está fuera de orden, pero aun así exclama: '¿Qué tiene de malo querer que mi esposa me ame? ¿Qué hay de malo en desear que mi esposa se mantenga fiel a nuestro matrimonio?'". Observa que suena muy piadoso. Ahí es donde están la mayoría de nuestros ídolos. Están disfrazados de algo que no suena horrible para nada. Powlison sigue diciendo: "Aquí es donde vemos esta dulce verdad. No hay nada malo con el objeto de su deseo. 'Quiero que mi esposa me ame; deseo que mi esposa se mantenga fiel a nuestro matrimonio'. Pues tiene todo de malo cuando eso controla su vida".[6]

CÉNTRATE EN CRISTO Y EL EVANGELIO

Quiero terminar este capítulo dejándote con Cristo. Cuando hagas tu ejercicio, no te obsesiones con tu corazón mientras ignoras a tu Salvador. ¡Cuidado! A medida que descubres a tus ídolos y Dios dirige tu luz hacia la suciedad que hay en tu corazón, tal vez te sientas desanimado, así que lo mejor es que mires a Cristo. Lee los Evangelios otra vez. Estudia el relato de la cruz. Ve a Gálatas y lee acerca de la gracia, no la ley. Predícate el evangelio a ti mismo cada día. Deléitate en tu Salvador. Mira a tu corazón, pero céntrate en Cristo. Que lo primordial sea lo primordial.

Cristo, la cruz, el evangelio, ellos son lo primordial. Así que deja que lo que Dios decida hacer en tu vida sea el motivo para que te acerques a tu Salvador como nunca antes lo has hecho, para que puedas decir: "Por eso necesito el evangelio. Es por eso que Cristo murió en la cruz. Por eso es que necesito la gracia. Por eso es que la ley nunca hubiera podido salvarme. Gracias, Dios, que según Romanos 8:1, 'Ahora, pues, ninguna condenación hay para los que están en Cristo Jesús, los que no andan conforme a la carne, sino conforme al Espíritu'". Permanece ante la cruz mientras Dios realiza su cirugía en ti.

3

LO SUFICIENTE NUNCA ES SUFICIENTE

YA DIJE EN el capítulo 1 que la idolatría ofende a Dios porque viola el primer mandamiento: "Amarás al Señor tu Dios con todo tu corazón, y con toda tu alma, y con toda tu mente" (Mateo 22:37, citando a Deuteronomio 6:5). También transgrede el primero de los Diez Mandamientos: "No tendrás otros dioses delante de Mí" (Éxodo 20:3). Simplemente dicho, la idolatría es adoración falsa.

Repasemos nuestra definición de idolatría: *un ídolo es cualquier cosa o persona que apresa nuestros corazones, mentes y afectos más que Dios.*

Así que, ¿qué puede ser un ídolo en tu vida? Aquí está la parte que asusta. Cualquier cosa, aun algo bueno, puede convertirse en un ídolo. Por ejemplo, durante mis años de servicio en la iglesia, he conocido damas que se ofrecían como voluntarias para trabajar incansablemente en la oficina de la iglesia. Cualquiera diría: "¿Qué haríamos sin esa persona?". Pero puede haber un lado oscuro en nuestro servicio. ¿Será que el servicio puede convertirse en un ídolo? ¿Podría ser que estemos sirviendo no solo a la Iglesia y a Dios, sino persiguiendo algún propósito personal, como el deseo de ser necesitado, apreciado y reconocido en formas que a menudo no recibimos en el hogar?

¿Será que quieres que piensen bien de ti y que la gente diga: "¿Cómo podemos funcionar sin ella?". Pero la mujer que pasa mucho tiempo como voluntaria en la iglesia puede tener una familia que dice: "Caramba, aquí también la necesitamos". Su esposo siente que está viviendo sin ella. La ropa sucia se hacina en grandes montones, él desea comer comida casera, y eso sin mencionar que quiere tener un encuentro romántico de vez en cuando en la recámara. En lugar de ello, su esposa siempre está cansada y aparentemente no disponible. No estoy diciendo que, si estás sirviendo en la iglesia, debes renunciar. Solo asegúrate de que lo estés haciendo por las razones correctas, y asegúrate de que tus obligaciones más importantes, las que tienes con tu familia, se cumplan primero.

Yo soy culpable de esto mismo. En mi propia vida, he hecho cosas en el ministerio por las razones equivocadas, y no solo mis razones tenían que cambiar, sino que también algo de lo que estaba haciendo necesitaba suspenderse inmediatamente. Sencillamente, era demasiado. Yo no podía tocar la guitarra en todos los cultos de la escuela dominical, dirigir todas las fiestas de Navidad, repartir folletos evangelizadores el día de muertos a todas las personas que los necesitaban, atender a todos los que requerían consejería, preparar las lecciones de la escuela dominical, visitar los hospitales y seguir amando a mi esposa e hijos en la forma en que se requiere de mí.

No era suficiente con cambiar las razones de por qué hacía lo que hacía; de hecho, debía dejar de hacer algunas cosas. Yo no le estaba siendo infiel a mi esposa; no estaba adicto a la pornografía; no me iba a jugar al golf o de cacería o a pescar todo el tiempo. Todo lo que estaba haciendo eran las cosas de Dios. Pero ¿adivina qué? Escondido dentro del reino de Dios se hallaba un minireino que servía a Brad Bigney. Había descuidado poner a Cristo y al evangelio en primer lugar en mi vida.

No hay nada más difícil que encarar a nuestros ídolos y hacerlos morir. Levantamos la daga para matarlos, y ellos se revuelcan, se retuercen y se defienden. Son difíciles de atrapar y tal parece que tienen mil vidas. Tal vez pensamos que ya están muertos, pero después resurgen y aparecen otra vez. Debemos tener la ayuda de Dios si queremos descubrirlos, dominarlos, y luego matarlos tan pronto como reaparezcan.

La idolatría es adoración falsa, vivir con sustitutos. Es vivir con algo distinto a Dios que alimenta nuestro motor, pero seguro que este empezará a fallar, y con mucha frecuencia nos dejará tirados a un lado del camino. De la misma manera, en lugar de reconocer nuestro problema real, tratamos de crear mejores sustitutos o engaños más efectivos que fallen con menos frecuencia y tengan consecuencias menos severas. Pero en vez de encontrar mejores sustitutos o engaños más efectivos, debemos arrepentirnos de nuestra idolatría y regresar a lo único real y verdadero, Dios. Debemos regresar al Salvador y al tesoro del evangelio que nos hizo libres de todos los tentáculos idolátricos que siguen remolineándose alrededor de nuestros corazones. Debemos desarrollar un ojo avizor para detectar y destruir los ídolos tan pronto como empiezan a aparecer.

LA IDOLATRÍA ESTÁ ARRAIGADA EN LOS DESEOS DEL CORAZÓN

Deja de mirar hacia afuera para ver de dónde viene la idolatría. El principal culpable no es una influencia externa; es tu propio corazón. Según dice Santiago 1:14: "Sino que cada uno es tentado cuando es llevado y seducido por su propia pasión". Hay algo que mora en ti, tus propios deseos, que pueden hacer que te descarríes. Si alguien te asegura que tiene un libro o una serie de sermones que te pueden enseñar cómo matar esos deseos para que no tengas que volver a luchar contra ellos otra vez, no los compres. Los deseos que Santiago menciona no morirán hasta que Cristo regrese a la tierra para llevarnos con él. La batalla que estamos librando es constante.

Esa es la batalla que Pablo describe en Romanos 7: "Porque lo que hago, no lo entiendo. Porque no practico lo que quiero hacer, sino que lo que aborrezco, eso hago. [...] ¡Miserable de mí! ¿Quién me libertará de este cuerpo de muerte?" (Romanos 7:15, 24). Y luego sigue diciendo, en Romanos 8, qué él le da gracias a Dios por Cristo Jesús, quien le dio el golpe de gracia a ese problema. Sin embargo, nosotros todavía tenemos que luchar contra sus vestigios y despojos. El golpe de gracia fue dado en la cruz, pero en la actualidad vivimos en medio de lo que ya fue y lo que todavía no es. Dios, por medio de la muerte de Jesucristo en la cruz, ha desarticulado el poder de los deseos pecaminosos en nuestras vidas, pero todavía tenemos que luchar con nuestra carne pecaminosa todos los días. El poder y la penalidad del pecado han sido quitados, pero todavía permanece la presencia del pecado.

David Powlison afirma que: "La idolatría es, lejos, el problema que más se discute en las Escrituras. [...] La relevancia de grandes porciones de las Escrituras depende de nuestra comprensión de la idolatría".[1] ¿Cómo puede ser esto cierto?

LA IDOLATRÍA JAMÁS SE SATISFACE

Esa pequeña frase, "cometer con avidez", es lo que impulsa a la mayor parte de la economía en países de todo el mundo. Si no fuera por esa avidez de tener más cosas, todos nosotros compraríamos un auto y lo conservaríamos hasta la muerte. Es esa ambición por más cosas lo que hace que hombres y mujeres se sienten frente a una máquina tragamonedas, deseando escuchar el tintineo del dinero al caer. Pero cuando por fin sucede, ¿acaso el feliz ganador recoge sus monedas, las pone en su bolsillo y adora a Dios? ¿Le agradece por su bendición y promete dar la mitad de sus ganancias a las misiones? ¡No lo creo ni por un instante! Más bien, el ganador se dirige a la mesa de *blackjack,* deseando duplicar sus ganancias. Y se quedará en el casino hasta que haya perdido todo porque hay algo dentro de nosotros de lo cual se han beneficiado los casinos: la avidez de obtener cada vez más cosas.

Es esa ambición por tener más la que hace que una persona que ya tiene mucho dinero, y no sabe qué hacer con él, invierta una buena cantidad en alguna inversión que le ofrece riquezas instantáneas pero lo lleva a perder todo. Es la continua avidez por tener más la que hace que una persona responda a un correo electrónico que dice: "Querido amigo, estoy en Kenia y quiero donarte un millón de dólares. Solo necesito el número de tu cuenta de banco y tu número de seguridad social". Y alguna gente inteligente, que tiene un buen trabajo, contesta y ofrece ese tipo de información. Efesios 4:19 nos dice a qué se debe esto: la insaciable avidez de tener más.

Y Efesios 4:22 dice que esa avaricia no es solo codiciosa, sino engañosa. Nos nubla el entendimiento y el sentido común. Puede hacer que un hombre que tiene una esposa amante, bella y bien dispuesta busque prostitutas, relaciones homosexuales, bestialismo o cualquier otra perversión sexual. Es una continua avidez por tener más. Él olvida cuán bueno es su matrimonio y empieza a buscar algo más. En la actualidad, muchas mujeres piensan que necesitan rejuvenecerse o comprar vestidos más atractivos, cuando lo que necesitan es que Dios controle a su marido para que él esté contento con lo que tiene, en lugar de creer que cualquier cosa prohibida es mejor que lo que tiene en su hogar.

La avidez continua por tener más es lo que motiva a un hombre a trabajar sesenta, setenta, ochenta horas a la semana tratando de avanzar en la escala corporativa y convertirse en el empleado del mes, tratando de alcanzar un salario de seis cifras, mientras que sus seres queridos de él se están descarrilando. Pero el corazón jamás estará satisfecho separado de Dios en Cristo Jesús. Más de cualquier otra cosa en esta vida nunca bastará.

Es imposible vivir la vida en forma efectiva sin Dios. ¡Él es el oxígeno de nuestras vidas! Y, sin embargo, algunos se ponen un tanque de oxígeno y se lanzan al mar de la vida tratando de vivir sin Dios, y tienen que salir del agua a tomar aire porque el tanque es limitado, finito. Además, una tras otra, las mangueras de esos tanques empiezan a deteriorarse, y la persona termina pasando su vida bajo el agua, aspirando aire a través de una manguera agujereada y preguntándose por qué la vida no es tan buena como pensó que sería. Es Dios quien le hace falta. ¡Ese hombre nunca lo logra todo! Está viviendo con sustitutos. Y los sustitutos nunca satisfacen.

Pero en lugar de darnos cuenta y decir: "Oh, tengo una manguera de hule en mi boca y un tanque de oxígeno en mi espalda; se suponía que no debía vivir así" tendemos a pensar: "No tengo el tanque *correcto...* buscaré otro mejor" o, "No tengo suficientes tanques: hay alguien que tiene docenas de ellos. Lo que necesito son más". Y esa es la mentira. Necesitamos salir del agua, dejar el tanque, tirar las mangueras de hule y respirar el aire fresco y abundante de Dios y la gracia divina. Solo él puede satisfacernos. Recuerda que el pecado es lo que haces cuando no estás satisfecho en Dios, y el pecado es lo que haces cuando estás persiguiendo algo que no es Dios, es decir, a uno de tus ídolos.

CORRER TRAS EL VIENTO

Tendemos a pensar: "La única razón por la que todavía no he encontrado satisfacción es que no he recorrido el camino del placer como me gustaría". Pero en Eclesiastés 2, encontramos a alguien que transitó todo el camino, alguien cuya sabiduría puede salvarnos del desencanto de seguir la misma senda. El autor describe ese camino como "vanidad y correr tras el viento" (v. 26).

Vivimos en una cultura que adora los testimonios; seguimos con mucha atención la historia de las personas. Y en Eclesiastés, tenemos al autor de ese libro contándonos su historia. Él dijo:

Entonces me dije: "Ven ahora, te probaré con el placer; diviértete". Y resultó que también esto era vanidad. Dije de la risa:

"Es locura"; y del placer: "¿Qué logra esto?". Consideré en mi corazón estimular mi cuerpo con el vino, mientras mi corazón me guiaba con sabiduría, y echar mano de la insensatez, hasta que pudiera ver qué hay de bueno bajo el cielo que los hijos de los hombres hacen en los contados días de su vida.

Engrandecí mis obras, me edifiqué casas, me planté viñas; me hice jardines y huertos, y planté en ellos toda clase de árboles frutales; me hice estanques de aguas para regar el bosque con árboles en pleno crecimiento. Compré esclavos y esclavas, y tuve esclavos nacidos en casa. Tuve también ganados, vacas y ovejas, más que todos los que me precedieron en Jerusalén (Eclesiastés 2:1-7).

Ten cuidado al leer esto: no vayas a ser indiferente y pensar: "Yo no quiero rebaños, ni tengo esclavos". ¿Y qué hay de las casas? Todos podemos identificarnos con eso, ¿verdad? ¿Quién no se siente emocionado de construir una nueva casa: diseñarla, construirla, decorarla? Tal vez nosotros no diseñemos parques y huertos, pero ¿qué hay de la jardinería, de hacer nuestro jardín más bello? En cuanto a los esclavos, solo sustituye las palabras "lavadora", "estufa", "secadora". Eso es lo que hacían los esclavos. Ellos hacían el trabajo que te corresponde a ti. Y el escritor de Eclesiastés dice que adquirió "mucho más ganado vacuno y lanar". Y continúa diciendo: "Amontoné oro y plata, y tesoros que fueron de reyes y provincias. Me hice de cantores y cantoras". Simplemente sustituye a esos cantores con la marca Bose de sonido envolvente, con hermosa música, un hermoso sistema de sonido. Él continuó diciendo: "Y disfruté de los deleites de los hombres: ¡formé mi propio harén! Me engrandecí en gran manera, más que todos los que me precedieron en Jerusalén; además, la sabiduría permanecía conmigo" (vv. 8-9, NVI).

Él logró lo que muchos quieren; él les ganó a todos. Gran parte del materialismo está motivado no tanto por las cosas en sí, sino por el deseo de ganar, de superar a alguien más. Todo se trata de la imagen, de adquirir lo que otros no tienen. El autor de Eclesiastés lo entendía y dice que tuvo "más que todos los que [l]e precedieron en Jerusalén" (v. 9, NVI). Ahora observa la ironía de la siguiente frase: "Además, la sabiduría permanecía conmigo". Y podemos responderle: "¡Seguro que sí!". ¿Te das cuenta de cuán engañado estaba? Dice que "la sabiduría permanecía" con él. "No les negué a mis ojos ningún deseo, ni privé a mi corazón de placer alguno. Mi corazón disfrutó de todos mis afanes. ¡Solo eso saqué de tanto afanarme! Apuré la copa del placer de cada tarea, era mi premio por un difícil día de trabajo. Consideré luego todas mis obras" (vv. 10-11, NVI): esclavos, jardines, fuentes, árboles frutales, dinero a montones, cantores… "Consideré luego todas mis obras y el trabajo que me había costado realizarlas, y vi que todo era absurdo, un correr tras el viento, y que ningún provecho se saca en esta vida" (v. 11, NVI). Cuando vio todo ello, dijo que todo es "un correr tras el viento", escupir al aire. No había nada en todo ello. Nada.

Lo mismo sucede en la actualidad. Solo mira alrededor al mundo de la música, el entretenimiento y los deportes. Hay un pequeño grupo de nuestra cultura que supuestamente ha llegado a la cima: ellos tienen todo lo que buscamos con tanta ansiedad, y, sin embargo, son muy infelices. Todavía quieren más. Las revistas y la televisión nos muestran imágenes impactantes que incluyen a una serie inacabable de celebridades cuyas vidas han quedado destruidas por el abuso del alcohol y las drogas. No hace mucho, escuché la historia de un cantante de rap que había amasado más dinero de lo que podemos imaginar y tuvo que ser ingresado en una clínica de rehabilitación porque es adicto a los somníferos. Con todo lo que tiene, hay algo que no puede obtener: el sueño.

¿No es verdad que todas esas celebridades tienen las cosas que acabamos de leer en Eclesiastés? Sí.

Tendemos a pensar: "Sí, pero esa clase de vida es excesiva, extravagante y pecaminosa. Yo no lo haría así. Yo manejaría las cosas en un tono mesurado, al estilo cristiano. Y también diezmaría y ayudaría a las misiones con mi dinero". Ajá. Sigue siendo avaricia. Avaricia engañosa que nos tiene deseando más y más.

LA IDOLATRÍA ES UN SUSTITUTO
SUPERFICIAL DE CRISTO

Compara lo que leímos en Efesios 4:19 y Eclesiastés 2 con pasajes bíblicos que hablan de la satisfacción que se encuentra en Dios. La avaricia siempre es engañosa; quiere más; es ciega y sorda. Los deleites que Dios ofrece son abundantes, profusos, interminables, para siempre. ¡Qué gran contraste!

Salmos 36:7-9 dice: "¡Cuán preciosa es, oh Dios, Tu misericordia! Por eso los hijos de los hombres se refugian a la sombra de Tus alas. Se sacian de la abundancia de Tu casa, y les das a beber del río de Tus delicias. Porque en Ti está la fuente de la vida; en Tu luz vemos la luz". Dios no solo nos satisface. Más que darnos agua, él establece en nosotros un manantial de agua viva.

Por eso, Jesús dijo en Juan 7:37-38: "Si alguien tiene sed, que venga a Mí y beba. El que cree en Mí, como ha dicho la Escritura: 'De lo más profundo de su ser brotarán ríos de agua viva'". Él estaba refiriéndose al Espíritu Santo, quien viene y mora en ti. Él establece su residencia, su hogar, en ti, de tal manera que tienes dentro una fuente de agua burbujeando en una medida interminable, contraria a las cosas de este mundo que la gente persigue de continuo. Los ídolos nunca cumplen de esta manera. Su ambición nos deja con un inquietante deseo de tener más.

Imagina que te encuentras a la deriva en un bote salvavidas en medio del océano. Tu lengua está pegada a tu paladar por la sed, tu garganta está reseca y tus labios están partidos y sangrando. Te mueres por un sorbo de agua, aunque estás rodeado de ella. El problema es que si cedes a la tentación y te inclinas por el costado del bote y tomas varios sorbos de esa agua, sentirás un sentido de alivio y satisfacción pasajero que será seguido inmediatamente después por una sed insaciable que es mucho peor que la que tenías antes. *Eso* es lo que enfrentamos hoy en nuestro mundo. Es como ir en un bote rodeados por lo que parece un océano de agua refrescante, que apaga la sed, pero que está llena de sal. Todo lo que hay fuera de Dios en Cristo es agua salada que nos deja con más sed de la que teníamos antes.

¿Recuerdas la conversación que tuvo Jesús con la mujer a la orilla del pozo en Juan 4? Ella vino con su cántaro vacío y Jesús sabía que tenía vacío algo más que el cántaro: su corazón. Ella buscaba algo que no podía encontrar. Había tenido cinco maridos, y en ese momento estaba viviendo con un hombre que no era su esposo. Pero Cristo la amaba y sabía que ella no había encontrado lo que había estado buscando. Así que, en lugar de solo sacar agua para ella, le dijo: "Si conocieres el don de Dios y quién es el que te dice: Dame de beber, tú le pedirías y él te daría agua viva" (v. 10). Él no estaba hablando de llenar el cántaro, algo que ella podía hacer fácilmente. Él se refería a un agua que solo él podía darle para que no volviera a tener sed jamás. Con seguridad ella ya sabía, después de tener cinco maridos, que los hombres no podían satisfaceresa necesidad.

Jesús le dijo: "Todo el que beba de esta agua volverá a tener sed, pero el que beba del agua que Yo le daré, no tendrá sed jamás, sino que el agua que Yo le daré se convertirá en él en una fuente de agua que brota para vida eterna" (Juan 4:13-14). Solo Cristo ofrece la satisfacción de apagar la sed que has estado buscando en los lugares equivocados. Que el matrimonio nunca puede satisfacer. Que un novio o novia nunca puede satisfacer. El tratamiento para rejuvenecer, las redes sociales y ese trabajo en la oficina más grande con increíbles vistas no pueden satisfacernos a largo plazo.

El día que te sientes ante tu elegante escritorio de caoba y mires a través de la ventana de tu oficina en un rascacielos, experimentarás un inquietante sentido de: "¿Y ahora qué? Necesito algo más".

El día que estrenes tu auto nuevo, para el cual ahorraste y que pasaste tanto tiempo deseando, y aspires por primera vez ese olor a cuero y a carro nuevos, y compruebes que pasa de 0 a 90 kilómetros por hora en ocho segundos y avanza por el camino donde se remolinean las hojas secas a tu paso, así como aparece en los comerciales, un día, antes de lo que pienses, llegarás a tu cochera con un sentido opresivo que te dirá: "¿Esto es todo? Necesito algo más".

Señoritas, el día que pongan su hombro debajo del brazo de ese hombre con el que han estado soñando y pensando: "Si alguna vez conociera a un hombre como él, ay, sería tan feliz", y de pronto les llegue el tufo de su mal aliento, o comprueben que tiene una actitud egoísta, el sueño se desvanecerá muy pronto; no satisfará.

No estoy diciendo que no debes comprar un auto o vivir en una casa o tener relaciones. Disfruta de todas esas cosas, pero ¡no vivas para ellas! Ellas no pueden sostenerte. Fuiste hecho para algo más grande, mejor, más pleno. Fuiste hecho con un anhelo por Dios, y ninguna otra cosa te dará satisfacción.

Entonces, ¿qué pasa con lo que leemos en Eclesiastés, capítulo 2? ¿Es malo construir casas, plantar jardines, disfrutar de la música? Por supuesto que no. Primera de Timoteo 6:17 dice: "Dios [...] nos da abundantemente todas las cosas para que las disfrutemos". Así que, si las tienes, disfruta de ellas. Agradécele a Dios por ellas. Pero no te pierdas en el regalo y olvides al Dador. Solo Dios nos puede satisfacer.

LA IDOLATRÍA ES UNA AMENAZA PARA TU ALMA

La idolatría no solo ofende descaradamente a Dios; también es una amenaza para tu mismísima alma. En 1 Pedro 2:11, dice: "Les ruego como a extranjeros y peregrinos, que se abstengan de las pasiones carnales que combaten contra el alma". Es una guerra. Tal vez no tienes paz, y tus entrañas están conmovidas y estás orando: "Dios, dame tu paz. Dios, ayúdame". Puedes leer pasajes como el de Juan 14:27, donde Jesús dijo: "La paz les dejo, Mi paz les doy". Tú miras ese versículo y recuerdas que Cristo habló a las olas del mar, diciendo: "¡Silencio! ¡Cálmate!" (Marcos 4:39, NVI), y deseas tener esa paz urgentemente para tu vida, pero parece que Dios no te responde. ¿Sabes cuál es el problema?

Muy a menudo, cuando nos encontramos en una barca, y la tormenta nos azota y las olas se elevan amenazadoras, oramos diciendo: "Dios, ayúdame. Dame paz", pero él está esperando a que lances tus ídolos por la borda. Queremos que Dios nos mande su paz mientras nos aferramos a ellos, mientras remamos y vivimos por algo diferente que no es él. Pero él no lo hará. No creas que Dios no contesta las oraciones. No digas que él no es bueno. Lo que él está haciendo es lo mejor para ti, permitiendo que te bambolees en esa barca en medio de la tormenta para que despiertes y te des cuenta que debes desechar tus ídolos.

Dios no da su paz a las personas que se aferran y protegen frenéticamente a sus ídolos al tiempo que los perfeccionan. Él da su paz a aquellos que los rechazan y después levantan sus manos abiertas, pidiendo: "¡Dios, rescátame, ayúdame, sálvame! Ya me cansé de tratar de que las cosas mejoren. Estoy cansado de perseguir cosas que he creído me darán una vida mejor. Estoy rompiendo esa lista y dejándolo todo. Dios, ven y echa fuera cualquier usurpador que esté en el trono de mi corazón. Derriba los ídolos que están retorciéndose y revolcándose dentro de mí y me asfixian y me impiden respirar; te pido que vengas y reines y gobiernes en mi vida".

Sin duda, esa es una oración que nos asusta. Porque es posible que el Señor señale con su dedo algo y pida que lo eliminemos, algo que tal vez tú no estás seguro de si puedes vivir sin ello. ¿Estás listo para decir con el salmista en Salmos 73:25: "¿A quién tengo yo en los cielos sino a Ti? Fuera de Ti, nada deseo en la tierra"? Seamos honestos. Nunca hemos vivido un solo día en que ese versículo haya sido completamente cierto para nosotros. ¿Ha habido algún día en que has dicho sinceramente: "Fuera de ti nada deseo en la tierra"? No, deseamos toda clase de diferentes cosas. Lo que debemos decir es: "Dios, permite que esos versículos sean una realidad en mi vida: '¿A quién tengo yo en los cielos sino a ti? Y fuera de ti nada deseo en la tierra. Mi carne y mi corazón desfallecen, mas la roca de mi corazón y mi porción es Dios para siempre'" (v. 26).

El siguiente versículo habla de cómo Dios está contra aquellos que son atraídos por la infidelidad. La infidelidad (prostitución, adulterio) es una de las figuras de lenguaje favoritas que usa el Señor para referirse a quienes persiguen cosas ajenas a él. Y no promete que nos va a ayudar mientras la estamos practicando. Más bien, él está contra todos los que cometen adulterio: "Porque los que están lejos de Ti perecerán; Tú has destruido a todos los que te son infieles" (Salmos 73:27).

LA IDOLATRÍA REQUIERE UN PLAN ESPECIAL DE ARREPENTIMIENTO

La idolatría está muy arraigada en nosotros, y no se va con facilidad. Requiere más que una limpieza superficial, así que espero que hayas trabajado en el ejercicio que puse al final del capítulo anterior e identificado tus ídolos personales. Ese es un gran comienzo, pero no es el final. Puedes identificar cuáles son tus ídolos personales, guardarlos en una lista al final de tu Biblia, o hasta ponerlos en un espejo en algún lugar, pero el solo mencionarlos no hará que se vayan. Debes dar el paso siguiente.

El segundo paso en este proceso es iniciar un plan de arrepentimiento. Piensa en la forma en que debes arrepentirte en cada una de esas áreas. ¿Qué vas a cambiar? Y para hacerlo, tendrás que pensar de manera diferente y vivir de manera diferente. Haz una lista de los ídolos que has identificado y después ora diciendo: "Señor, ¿cómo puedo pensar de manera diferente?". Traza un plan. He descubierto que la mayoría de las personas fracasan en cambiar porque fracasan en hacer *planes* específicos para cambiar. El cambio no solo se da en una "tierra ideal". Tú pecaste específicamente para llegar hasta donde te encuentras, y tendrás que arrepentirte específicamente para salir de allí. En oración, piensa acerca de ello y escribe tus ideas al respecto.

Pero antes de apresurarte a hacer el ejercicio, quiero dejarte una cita tomada de Ed Welch porque creo que expresa esto muy bien. Tu enfoque debe estar en Cristo: "El camino al cambio pasa por el corazón y continúa por el evangelio, donde Dios nos revela más completamente a su Hijo Jesucristo a través de su muerte y resurrección".[2] No te sientas confuso con este proceso de cambio en el que estamos trabajando. Ve hasta tu corazón; puede que esté oscuro y haya algunas partes realmente vergonzosas, pero sigue adelante; sigue el camino hasta el evangelio y medita en él. Regocíjate otra vez de que el evangelio sea el único poder que tienes para realizar un cambio real y definitivo, para que al final de este libro puedas decir: "Sí, he aprendido más acerca de mi corazón. Y sí, me he arrepentido. Sí estoy andando más cerca de Dios". Pero, para hacer eso, la gracia debe sentirse más dulce, tu Salvador debe verse mejor y la cruz debe reflejarse más grande sobre toda tu vida, para gloria de Dios.

4

LA IDOLATRÍA HACE ESTRAGOS EN TUS RELACIONES

NADA sino Dios satisface tu corazón y, aun así, tu corazón tiende a la idolatría. Estos son la condición universal y el dilema universal; pero, a estas alturas, imagino que habrás empezado a tomar los términos que he presentado y a aplicarlos en tu propia vida. ¿Cuáles son los ídolos específicos de tu corazón? ¿Ya los conoces? Tal vez me digas: "¡No quiero conocerlos porque no quiero tener que lidiar con ellos! No quiero cambiar. Me parece que es una experiencia desgarradora y un montón de trabajo duro". Si eso es lo que estás pensando, cuando menos ya has empezado a prestar atención.

En la mayoría de los casos, Dios tiene que mostrarnos cuáles son nuestros ídolos; generalmente, no los vemos por nosotros mismos. Piénsalo: si supieras cuáles son, probablemente hace tiempo que los habrías resuelto. ¿Has estado orando con Salmos 139:23-24? "Escudríñame, oh Dios, y conoce mi corazón; [...] y ve si hay en mí camino malo, y guíame en el camino eterno". ¿Has hecho una lista de los principales ídolos potenciales que hay en tu corazón?

Santiago 3:16 dice: "Porque donde hay celos y ambición personal, allí hay confusión y toda cosa mala". Uno de los lugares donde aparece el caos con más frecuencia y más dolor es en nuestras relaciones con aquellos que viven más cerca de nosotros: marido, esposa, hijos, padres, colegas. Ellos son los que reciben las consecuencias de nuestra idolatría, mientras que nosotros pensamos que ellos son los causantes del problema y los que nos impiden seguir adelante. Ellos son los que nos frustran. Nos impiden avanzar. No nos ayudan a obtener lo que queremos. ¿Alguna vez te has sentido así o has tenido alguna de estas ideas acerca de quienes te rodean, en especial de los más cercanos a ti?

LOS CONFLICTOS REVELAN A NUESTROS ÍDOLOS

Paul Tripp escribió lo siguiente:

¿Tienes algún conflicto en tu vida? ¿Experimentas momentos de extrema irritación hacia alguno de tus seres queridos? ¿Hay gente que se dedica a provocarte más que otros? ¿Hay algunas cosas que continuamente te vuelven loco? ¿Por qué parece que las personas, cosas y situaciones interfieren en tu camino? ¿Por qué sucede que rara vez pasamos un día sin tener alguna mala experiencia o conflicto? La respuesta a todas estas preguntas es que pensamos que nuestras vidas nos pertenecen, y estamos más entregados a conseguir los objetivos de nuestro propio reino y no del de Dios. Debemos reconocer que las personas que nos rodean han sido enviadas por un Rey sabio y soberano. Él nunca tiene el domicilio equivocado, y siempre elige el momento correcto para revelar lo que hay en nuestros corazones para alinearlos con el de él.[1]

Ay, ¡cómo me gustaría decirte que esto no es verdad! Pero lo es. De acuerdo con las Escrituras, Dios nunca se equivoca de domicilio y siempre elige el momento correcto para exponer tu corazón, no solo para afligirlo o para castigarlo, sino para revelar lo que hay en él, para poder realinearlo con el de él. Hasta que no se da esa exposición, no hay ninguna oportunidad de alineamiento; pero a menudo esa revelación se lleva a cabo en el contexto de algún conflicto doloroso con otro ser humano con quien vives en estrecho contacto, de tal manera que el proceso en sí mismo es todo menos divertido. Y nunca pensamos que es un buen momento para revelar nuestros corazones o alinearlos con Dios. Con frecuencia, reaccionamos diciendo: "Pero, Dios, este es el peor momento del mundo para que esto suceda. Este nuevo jefe me tiene en la mira. Este compañero de cuarto me pone los nervios de punta. Este nuevo matrimonio me está exigiendo mucho más de lo que esperaba. ¿No ves todo lo que está pasando en mi vida? No, ahora no, no es el momento".

Y, aun así, todos sonreímos y asentimos en un grupo pequeño o clase de escuela dominical cada vez que se cita Romanos 8:28, mientras que no seamos nosotros los que estamos pasando por la prueba en ese momento. "Ah, sí", pensamos, "'Y sabemos que a los que aman a Dios, todas las cosas les ayudan a bien, esto es, a los que conforme a su propósito son llamados', ¡pero no debería incluir esto! Esto no. Ahora no. Aquí no". Pensamos: "No es posible que esto ayude a bien. No es posible que esto venga de Dios". Decimos: "Lo que pasa es que tú no estás prestando atención Dios. Esto se te escapó. Has dejado que las cosas se salgan de control".

Pero Eclesiastés 7:14 dice: "Alégrate en el día de la prosperidad, y en el día de la adversidad considera: Dios ha hecho tanto el uno como el otro para que el hombre no descubra nada que suceda después de él". El conflicto que estás enfrentando ahora mismo con las personas que están en tu vida es obra de Dios. Así es. No es algo fortuito; estaba en el calendario divino.

EL TIEMPO DE DIOS ES PERFECTO

Dios nunca se equivoca de domicilio, y nunca elige el momento equivocado para abrir nuestros corazones con el propósito de realinearlos con el de él. Es como revelar una película. Se lleva la película a un cuarto oscuro y se sumerge en varios productos químicos muy fuertes. Y solo entonces se empieza a ver la fotografía que estaba ahí desde el principio. Tú no creaste la fotografía cuando entraste en el cuarto oscuro; solo la revelaste. Trajiste a la superficie lo que ya estaba en la película. Y lo mismo es verdad en lo que se refiere a nuestros corazones. Con mucha frecuencia, requiere de la oscuridad, la dificultad, el conflicto y el dolor para revelar lo que estaba en él desde el principio. Así que no salgas corriendo para huir del conflicto, diciendo que la otra persona te hizo esto o aquello. No mires a tu cónyuge y digas: "Yo fui una madre amorosa hasta que tuve adolescentes. ¡Mira lo que estos muchachos me han hecho!". ¡Ah, no! El conflicto con esa otra persona solo revela lo que ha estado adormecido en tu corazón desde el principio.

Dave Harvey cita a John Bettler, diciendo: "'Tu cónyuge siempre engancha a tu ídolo'. Pero el matrimonio no enganchó mis ídolos simplemente; los elevó a tres metros del suelo y los exhibió por toda la casa. No puedo contar las veces en que yo pensé: 'Nunca antes había tenido esta clase de problemas. Estos deben ser culpa de mi cónyuge'. La verdad es que yo siempre había sido alguien que buscaba culpables para todo; lo que sucedió es que después de casarme ¡tuve muchas más oportunidades de expresar mi defecto!"[2.]

La confrontación con esa otra persona solo está exhibiendo los ídolos que hay en tu corazón, revolviéndolos, exponiéndolos. Eso es bueno y no lo digo a la ligera. En la actualidad, mi esposa y yo estamos criando a tres adolescentes, junto con otros dos hijos, así que hay bastantes cosas revolviéndose, exponiéndose y moviéndose entre nosotros. A veces parece que estamos en un remolino constante, como si nuestro hogar fuera un gran torbellino. Pero espiritualmente, jamás había crecido tanto en mi vida. Y ha sido horrible. Me he asombrado de las cosas que han salido de mi boca, cosas que he tenido que reconocer que estaban en mi corazón. Ha sido una llamada de atención, un mazazo para el autoengaño, porque siempre pensamos que somos mejores de lo que en realidad somos.

Pero Dios nos ama lo suficiente como para escoger el tiempo perfecto para aplastar nuestros sueños piadosos, para quitar de nosotros la idea de que somos muy justos y ponernos de pie ante él, desnudos y avergonzados con nuestros ídolos rebeldes.

NUESTROS CORAZONES NECESITAN UNA REALINEACIÓN CONSTANTE

Nuestros corazones son órganos engañosos, resbaladizos, que la mayor parte del tiempo pasan desapercibidos, sin darnos razón para pensar en ellos. Vivimos día tras día ajenos a los ídolos que corren arriba y abajo por los pasillos de nuestros corazones, lanzándose dentro y fuera de los percheros de nuestros pensamientos como niños traviesos que corren sin freno por una tienda departamental mientras su madre hace las compras. Y cuando escuchamos los golpes ocasionales que vienen de lo profundo de nuestros corazones, tendemos a explicarlos culpando a lo que sea o quien sea que esté alrededor de nosotros, hasta que la oscuridad o el conflicto se hacen presentes. Y eso es porque realmente no vemos lo que hay en nuestros corazones hasta que Dios nos lleva a través de un tiempo de oscuridad, a través de una prueba difícil que se despliega ante nosotros y nos revela lo que ha estado en nuestros corazones desde el principio.

Mi corazón es igual que mi auto. Me encantaría llevarlo al vendedor de llantas para que le hiciera una alineación de por vida, para no tener que regresar de nuevo y pagar por ella otra vez. Pero las cosas no funcionan así porque sigo manejando mi auto. En el mismo instante en que arranco el motor, empiezo a deshacer todo lo que el mecánico hizo: caigo en baches, golpeo las banquetas, no disminuyo la velocidad cuando paso por encima de los reductores de velocidad, etcétera. Entiendes a lo que me refiero. El uso y desgaste de la vida diaria de un auto hace que se necesite una alineación periódica total, y esto no es muy diferente a lo que pasa en nuestros corazones.

Me gustaría poder decirte: "Durante esa conferencia bíblica, o ese servicio de reavivamiento, o en la entrega personal de mi vida que hice al Señor hace algunos años, alineé mi corazón con Dios, así que ahora puedo ocuparme exclusivamente de otras cosas". Pero somos zarandeados y afectados y golpeados por la vida, y nuestros corazones se salen de alineación. Las buenas noticias son que no tenemos que recordar que debemos hacer una cita con Dios para la alineación. Dios elige el tiempo adecuado, el lugar correcto y aun a la persona indicada para exponer nuestros corazones y para que volvamos a alinearlos con él. El conflicto que enfrentamos es que muy a menudo resentimos el tiempo que Dios ha elegido para la cita de nuestra alineación.

El problema es que no sabemos que nuestros corazones necesitan alineación. Solo vemos el conflicto, a las personas, el daño. Vamos por la vida y nuestro mundo se sacude tanto que es difícil seguir dirigiendo el volante. Entonces vamos y oramos: "Dios, dame más gracia, y *¿por qué esas personas se interponen en mi camino?*". Pero Dios sonríe y dice: "Lo que necesitas es una alineación de corazón. Voy a dejar que las personas se queden donde están y vamos a tener que poner manos a la obra para alinear tu corazón". Lo que queremos es que él retire a la gente problemática y que en su lugar nos dé más de su gracia, pero él quiere realinear nuestros corazones para amarlo más a él y a los demás. Es en el corazón donde él quiere hacer su obra.

TUS ÍDOLOS LES HAN DECLARADO LA GUERRA A TODOS LOS DEMÁS

Tú te encuentras en una guerra todos los días, ya sea que lo sepas o no. Básicamente, cada uno de nosotros es un dictador. Sin importar el costo, promovemos nuestra propia agenda y nuestro reino cuando son los ídolos los que gobiernan el corazón. ¿Te parece demasiado horrible y ofensivo? ¿Estoy exagerando?

Santiago 4:1-3 dice: "¿De dónde vienen las guerras y los conflictos entre ustedes? ¿No vienen de las pasiones que combaten en sus miembros? Ustedes codician y no tienen, por eso cometen homicidio. Son envidiosos y no pueden obtener, por eso combaten y hacen guerra. No tienen, porque no piden. Piden y no reciben, porque piden con malos propósitos, para gastarlo en sus placeres". Ahora mira lo que dicen los versículos 4 y 5: "¡Oh almas adúlteras! ¿No saben ustedes que la amistad del mundo es enemistad hacia Dios? Por tanto, el que quiere ser amigo del mundo, se constituye enemigo de Dios. ¿O piensan que la Escritura dice en vano: 'Dios celosamente anhela el Espíritu que ha hecho morar en nosotros?'".

Dios es un Dios celoso. Él quiere gobernar en nuestros corazones; quiere estar en el trono en lugar de cualquier otra cosa. De la misma manera, Santiago 4:6-8 dice: "Pero Él da mayor gracia. Por eso dice [en Proverbios 3:34]: 'Dios resiste a los soberbios, pero da gracia a los humildes'. Por tanto, sométanse a Dios. Resistan, pues, al diablo y huirá de ustedes. Acérquense a Dios, y Él se acercará a ustedes. Limpien sus manos, pecadores; y ustedes de doble ánimo, purifiquen sus corazones".

Observa la forma en que Dios describe al corazón: "De doble ánimo". Hay más de una cosa en la que estamos pensando y deseando. Y eso es lo que ocasiona tanta confusión y conflicto, tanto con Dios como con las otras personas que hay en nuestras vidas. No estamos enfocados únicamente en complacer a Dios y servir a los demás. Estamos ocupados promoviendo nuestras propias agendas también, y por eso tenemos un ánimo doble.

"Ustedes de doble ánimo, purifiquen sus corazones. Aflíjanse, laméntense y lloren. Que su risa se convierta en lamento y su gozo en tristeza. Humíllense en la presencia del Señor y Él los exaltará" (Santiago 4:8-10). El problema no es con tu cónyuge o alguien más. El problema está en tu corazón.

Nuestros ídolos pueden disfrazarse de virtudes piadosas

Como pastor, descubrí que, al principio de mi matrimonio, uno de los ídolos de mi corazón era: "Debo ser admirado en la iglesia". En otras palabras, nunca digas no. Siempre responde diciendo: "Sí, ahí estaré; cuenta conmigo. Puedo hacerlo". Pero con mi familia, mi esposa e hijos, siempre decía: "Podemos dejar para otra ocasión lo que habíamos planeado. Debemos cambiar nuestros planes. Después lo haremos". Pero nunca sucedía. Y siguió sin suceder porque las exigencias y expectativas del ministerio se fueron multiplicando a medida que crecía la iglesia. Yo tenía buenas intenciones; realmente trataba de tener una cita con mi esposa y una noche con la familia. No es que yo no quisiera estar con mi esposa y mi familia, pero había un ídolo en el trono de mi corazón del cual no tenía conocimiento. Y este ídolo de "debo ser admirado por la iglesia" me estaba dirigiendo inconscientemente, mientras que yo estaba convencido que lo que estaba haciendo era lo correcto y para la gloria de Dios.

Pero yo estaba engañado y estaba contribuyendo al proceso de destruir un matrimonio y hogar maravillosos; no con alcohol o adicción a las drogas, no con pornografía, no con jugar al golf, pescar o ver eventos deportivos todo el tiempo. Nada de eso. Yo estaba centrado en el reino de Dios, amigo. Así que puedes imaginarte las discusiones, hasta la saciedad, que teníamos cada vez que le decía a mi esposa: "¿No estás entregada a la iglesia y a lo que Dios está haciendo?". Pero yo seguía ignorante de mis ídolos, y no me daba cuenta de la fealdad de mi propio corazón.

Los límites del reino se desdibujan

Los límites que debía haber entre el reino de Dios y el mío propio se habían desdibujado. Lo que yo pensaba que estaba haciendo con motivos puros y para la gloria de Dios estaba manchado por la agenda de mi propio reino que decía: "Todos en la iglesia deben admirarme".

Se sentía bien ser amado por tantas personas de la iglesia. Me sentía bien siendo un instrumento en las manos de Dios en las vidas de tanta gente repetidamente. Pero hacía *tanto* a expensas de mi propio matrimonio y familia. Mientras que me encontraba discipulando y rescatando a otros, permitía que mi propio hogar se marchitara en la viña. Estaba descuidando mi responsabilidad dada por Dios de amar a mi esposa como Cristo amó a la Iglesia y el deber de instruir y nutrir a mis propios hijos.

Pero el ministerio dentro del hogar no es tan emocionante, ¿verdad? No recibe tantos elogios. No hace que la gente voltee a verte como sucede en el ministerio público. Pero cuidado. Si no estás invirtiendo en tu propio matrimonio y en tu familia, aquello acabará por hacer que la gente voltee a verte. Lo que empieza como un fracaso privado terminará como una humillación pública, y todo empieza con el semblante de tu esposa. La tristeza, el desánimo y el descuido de una esposa se ven en su rostro mucho antes de que aparezcan en la corte los papeles del divorcio.

Pero yo no era el único idólatra.

Mi dulce esposa, Vicki, llegó al matrimonio con su propio ídolo: "Debo tener la familia más perfecta y piadosa, una familia que algún día pueda aparecer en la portada de una revista cristiana". Todas las mujeres sabrán que Vicki ha invertido toda su vida en su familia, y se ha entregado a un servicio sacrificial de tal manera que su esposo e hijos se levantarán un día y la llamarán bienaventurada una y otra vez. Solo la virgen María tendrá más reconocimiento. Estoy exagerando, pero es para darte una idea.

Ahora imagina el conflicto que teníamos con esos dos ídolos compitiendo entre ellos, esos dos reinos enfrentándose el uno al otro. Estábamos en guerra, y por consecuencia, nunca pasaba un día sin tener una escaramuza. Al mismo tiempo, estábamos confundidos porque ninguno de los dos sabía que tenía un ídolo reinando en su corazón. No importaba cuánto habláramos; jamás podíamos encontrar una resolución. Nunca llegábamos a comprender el problema real.

La discusión típica se centraba en el último incidente en que había tenido que cancelar un evento familiar para dar lugar a incluso otra actividad de la iglesia. A veces empezaba con Vicki diciendo: "Siento como que no te he visto". Así empezaba el conflicto. Se encendía la llama y nos enzarzábamos en la milésima discusión acerca del tiempo, la iglesia, el ministerio y la vida familiar. Yo le predicaba acerca de la importancia de darle todo al Señor y cómo debíamos hacer sacrificios por el reino. Pero lo que nunca dije, porque lo ignoraba, era que el sacrificio que yo les estaba exigiendo como mi familia también alimentaba a mi propio ídolo. Aquello hacía arder la llama de lo que era más importante para mí. Por eso el sacrificio para mí no era ni remotamente tan grande de lo que era para mi esposa.

¿CÓMO SE CONVIERTE EN GUERRA?

¿Qué sucedió? ¿Cómo llegamos hasta ese punto? Cuando me paré frente al altar el 27 de septiembre de 1986 y dije: "Sí, acepto", yo amaba a Vicki; estaba comprometido con ella. Yo no era consciente de una agenda secreta y maliciosa que algún día iba a destruir sus sueños. Yo no intentaba arruinar su vida, ni quería ver cuán miserable puede llegar a ser una mujer. Pero mirando hacia atrás, veo que mi idea del matrimonio era: "Ahora tengo una esposa y *juntos* seguiremos haciendo exactamente lo que yo he estado haciendo de soltero. Nada va a cambiar. Esta es mi agenda, mi reino, para gloria de Dios". Yo sabía que me había casado con una mujer piadosa y creía que ella tendría que unirse y procurar seguir mi agenda conmigo.

Yo pensaba que tenía un increíble compromiso con el evangelio y con el reino de Dios, pero lo que no sabía era cuán comprometido estaba con mis propios ídolos personales. Después de que Vicki y yo nos comprometimos, a ella le hicieron varias despedidas de soltera y lo mismo a mí, pero nadie nos dio una fiesta de idolatría, una en la cual nuestros amigos nos dijeran: "Hablemos de sus ídolos. Descubrámoslos y traigámoslos al frente. Esto va a ayudar *mucho* a su matrimonio". Nadie nos ayudó con eso; nadie habló acerca de ellos. Yo estaba comprometido con Vicki; yo estaba comprometido con Dios. Pero sin saberlo, también estaba comprometido con mis ídolos, comprometido a preservarlos, promoverlos y protegerlos.

Y también, parada junto a mí en aquel día de septiembre, estaba una preciosa jovencita de Georgia, diciendo y haciéndolo con firmeza: "Te amo, Brad Bigney. Me comprometo a ti y me comprometo con Dios", sin darse cuenta de cuán comprometida estaba ella también con *sus* ídolos.

La guerra que pronto surgió entre esas dos personas comprometidas fue más fea de lo que podría haberme imaginado. No nos golpeamos ni dijimos palabras altisonantes, pero fue muy dolorosa; nos separó y nos rompió el corazón. No sabíamos qué estaba pasando. Yo pensaba: "Ella tiene la culpa", y ella pensaba: "Él es el problema". Porque dos reinos estaban en colisión; dos tronos estaban enfrentándose el uno con el otro. A medida que tratábamos de promover nuestras respectivas agendas, volaban chispas, se derramaban lágrimas, se levantaban murallas y nos atrincherábamos cada uno más y más profundamente en nuestras posiciones defensivas.

Estábamos desilusionados y confundidos. Ambos éramos cristianos. Amábamos a Jesús. Los dos nos habíamos graduado del instituto bíblico. Los dos leíamos nuestra Biblia cada día. Entonces, ¿por qué no podíamos resolver esto?

TUS ÍDOLOS CAMBIAN LA MANERA EN QUE VES Y TRATAS A QUIENES TE RODEAN

Tener un ídolo es como usar lentes de sol. Cuando ese ídolo es lo más importante para ti, definitivamente verás la vida en forma diferente debido a él. Los ídolos distorsionan tu perspectiva. "Esos ídolos que los hombres han puesto en su corazón hacen que tropiecen en su iniquidad" (Ezequiel 14:3, paráfrasis del autor).

Cuando tus ídolos están batallando en tu corazón, no puedes ver claramente. Santiago 4:1-3 relaciona nuestros conflictos con otros a la guerra interna que se libra dentro de nosotros. Eso es lo que sucede. Si mi corazón está siendo gobernado por determinado ídolo, entonces solo hay dos formas en que puedo reaccionar ante ti. Si me ayudas a obtener lo que deseo y a promover mi agenda —apegarme a mi ídolo, preservarlo y protegerlo—, entonces estaré feliz contigo. Nos llevaremos de maravilla. Te voy a tratar muy bien. Te permitiré que entres en mi mundo. Pero si te interpones en mi camino, me enojaré, me frustraré y te desafiaré cuando estemos juntos. Habrá momentos en que desearé que ni siquiera estés en mi vida porque te interpones con lo que anhelo. Voy a ser agresivo; te alejaré de mi lado. Te dejaré fuera de mi vida.

David Powlison dice:

> Todavía no he encontrado a una pareja que esté atrapada en la hostilidad (lo cual provoca temor, autocompasión, dolor, mojigatería) que realmente entienda y reconozca sus motivos. Santiago 4:1-3 nos enseña que los deseos están detrás de los conflictos. ¿Por qué peleamos? No es "porque mi cónyuge...", sino porque hay algo en *ti*. Las parejas que aceptan que hay algo que gobierna sus vidas, ya sea necesidad de afecto, atención, poder, vindicación, control, consuelo, una vida libre de problemas, pueden arrepentirse y encontrar que la gracia de Dios se hace real para ellos y así aprender a vivir en paz.[3]

Como pastor, a menudo veo esto en la consejería matrimonial. Generalmente, la solución no viene porque uno de los cónyuges se arrepiente y empieza a hacer todo lo que la otra persona quiere. Más bien, viene cuando uno o ambos son quebrantados delante de Dios y ven la agenda que han estado promoviendo y la dejan ir, la sueltan, y dicen: "Dios, tú eres suficiente. Me voy a enfocar en mi parte del problema. Voy a beber profundamente del manantial de Jesucristo, y dejaré a mi cónyuge en tus manos. Me voy a enfocar en arrepentirme de la agenda de mi reino idólatra que hay en mi corazón, esa agenda que es la principal razón por la que nuestro matrimonio se está despedazando. Voy a dejar de centrarme en el problema de mi cónyuge y empezaré a centrarme en lo que tú quieres que yo vea en cuanto a mí".

Se puede sentir cómo la tensión desaparece de la oficina cuando un cónyuge da ese primer paso.

Por otro lado, he tenido que suspender la consejería en más de una ocasión porque la pareja no muestra ningún avance después de meses y meses de consejería, porque se han atrincherado en su respectiva esquina, protegiendo y promoviendo las agendas de sus respectivos reinos, cada uno deseando que el otro deponga las armas y ondee la bandera blanca. Ellos asfixian la vida de su matrimonio mientras se aferran a sus propias agendas, negándose a humillarse, temerosos de salir perdiendo en la transacción.

Elyse Fitzpatrick y Jim Newheiser lo dijeron correctamente:

Permítenos desafiarte a hacer algo que hemos tratado de hacer cuando hemos enfrentado dificultades familiares: ¡procura ganar la carrera del evangelio! Piensa en tus adentros: *Si soy el primero en confesar, el primero en arrepentirme y humillarme, el primero que corre hacia la cruz, experimentaré una gracia renovada de parte de Dios. No tendré que preocuparme por defender mi propia reputación o "la cumbre de mi moralidad". En lugar de ello, estaré inundado por la misericordia de Dios.* Recordar que Dios resiste a los soberbios y da gracia a los humildes (1 Pedro 5:5) debería motivarte a resistir la tentación de culpar a otros, de evadir tu responsabilidad y de ganar.[4]

También debería motivarnos a soltar a nuestros ídolos y arrepentirnos del atolladero en que nos han metido nuestras agendas encontradas que está ahogando nuestra relación.

Escucha, cuando te arrepientes de los ídolos de tu corazón, eres el ganador. Obtienes la gracia de Dios, su favor, su bendición y su poder.

LOS DESEOS ESTÁN DETRÁS
DEL CONFLICTO

Muchas veces cuando termino de aconsejar a las parejas, es obvio que han mejorado mucho. Se acercan más durante las sesiones, sonríen, tienen contacto visual. Su relación ha regresado a lo que se supone que debería ser: no perfecta, por supuesto, pero mejor. La hostilidad y frialdad han desaparecido. Y algunas veces, uno de ellos dice —generalmente dice para que el otro no lo oiga—: "¿Sabes qué? Mi cónyuge realmente no ha cambiado mucho, pero yo he cambiado mis expectativas, lo que pienso y lo que deseo, y eso ha marcado la diferencia".

También con mucha frecuencia, la otra persona cambiará mucho más y más rápido porque ya no tiene un cónyuge aferrado a su ídolo que grita pidiendo cambios o que a veces se retrae por la autocompasión o usa otros jueguitos manipulativos.

¿Y qué de ti? ¿Es esto lo que necesita urgentemente tu matrimonio? Permíteme ahorrarte algún dinero. No necesitas una cirugía para adelgazar o unas vacaciones más largas juntos. Tampoco necesitas un nuevo libro sobre técnicas sexuales. Lo que la mayoría de las parejas necesitan para poder transformar sus relaciones es arrepentirse de los ídolos de sus corazones. Los deseos están detrás de los conflictos. ¿Qué es lo que más deseas? Observa tu relación y pregúntate: "¿Dónde tengo conflictos?". Ambas cosas están relacionadas. Los deseos están detrás de los conflictos.

TUS ÍDOLOS TOMAN POR ASALTO A TUS
DESEOS LEGÍTIMOS Y LOS CONVIERTEN EN
RIDÍCULAS EXIGENCIAS

Entonces, ¿es malo tener deseos? ¿Es malo desear un matrimonio piadoso? ¿Es malo desear tener hijos que crezcan para honrar a Dios y hagan que me sienta orgulloso de ellos? Por supuesto que no.

Pero la idolatría toma tus deseos legítimos y los convierte en feas exigencias. Paul Tripp, en su excelente libro *Instruments in the Redeemer's Hands (Instrumentos en las manos del Redentor)*, nos explica la forma en que nuestros deseos idólatras hacen estragos en la vida de quienes nos rodean. El diagrama que sigue tipifica lo que tan a menudo sucede en nuestras relaciones.[5]

				Afecta mi relación con los demás
Deseo ➡	Exigencia ➡	Necesidad ➡	Expectativa ➡	Desilusión
"Deseo" Se convierte en	"¡Lo haré!"	"Debo""	"¡Deberías!"	"No lo hiciste"
				Empieza la espiral hacia abajo...

⬇

"Porque no lo hiciste, ahora yo..."

o "Porque no lo hiciste, ahora yo no..."

Los deseos legítimos se convierten en exigencias

Hablemos de esto. Un ídolo comienza como un deseo. Ya dijimos que los deseos no son malos. Pueden comenzar con algo así: "Me gustaría tener un matrimonio piadoso". O: "Quisiera que mi esposo fuera más atento conmigo, más cuidadoso y afectuoso". O: "Sería lindo que mis hijos fueran…". Todos estos son deseos legítimos. Prueba con esto: visualiza ese deseo como si estuvieras sosteniéndolo en tu mano abierta. Una exigencia es un deseo que tienes en tu mano y lo empiezas a apretar con fuerza. Ya no se trata de un simple deseo o de anhelar que algo sea distinto. Se convierte en "Haré algo para cumplirlo". O en un "Yo *debo*. Debo tener hijos que sean… No puedo vivir sin… Debo tener un cónyuge que… Debo tener la clase de jefe que…".

Los renombramos como una necesidad

Ahí es donde el asunto se torna muy feo, y nos recuerda a un niño pequeño sentado en su silla alta, golpeando la tabla con sus pequeños puños para obtener atención. Nuestra cultura nos ha llevado por esa senda con una psicología que nos anima a pasar de nuestro deseo a "*Necesito* esto… ¡Ah! Si tú entendieras lo que sufrí en el pasado, y todo lo que he pasado y el quebrantamiento en mi hogar, y cuán disfuncional éramos en mi infancia, estarías de acuerdo en que necesito un marido que sea atento. Mi tanque de amor está seco. No puedo funcionar sin eso. No puedo seguir adelante del modo en que están las cosas". No solo es un deseo; no es solo una exigencia; se convierte en una *necesidad*.

Y luego vienen las expectativas

Cuando empiezas a decirle "necesidad" a algo que quieres que hagan tu esposa o tus hijos, de inmediato aparecen las expectativas. Después de todo, si algo es una necesidad, entonces la gente más cercana a ti, aquellos que dicen amarte, deben ayudarte a conseguirlo, ¿verdad? Y en cuanto aparecen las expectativas, prepárate a quedar decepcionado porque esa persona que esperas que llene tus necesidades es un pecador. Si esperas que tus necesidades las llene alguien distinto a Dios, entonces estás poniendo tus expectativas en un pecador.

Por ejemplo, ponemos nuestras expectativas en el cónyuge y terminamos profundamente decepcionados, heridos y quebrantados. Y cuando termina el matrimonio, sencillamente empezamos de nuevo con alguien más, esperando que esa persona llene nuestras necesidades. Lo mismo pasa con cualquier relación, ya sea con un cónyuge, un jefe, un compañero de habitación o quien sea. Lo que la gente no entiende es que solo están transfiriendo sus "necesidades" de un pecador a otro.

La desilusión nos lleva a castigarnos unos a otros

Si tus expectativas están centradas en algo distinto a Dios, te espera la desilusión. Y una vez que llega la decepción, con rapidez desemboca en el castigo. Empiezas a operar bajo un sistema que piensa pero no dice: "Dices que me amas. Estas son mis necesidades". Luego: "No estás llenando mis necesidades, así que voy a castigarte… te dejaré… jamás tendré relaciones sexuales contigo… no voy a recoger la ropa a la tintorería… no voy a servirte de ninguna manera…". Así empiezan a castigarse el uno al otro; se sienten desilusionados porque la otra persona no cumplió con sus expectativas.

Esto es lo que me preocupa en cuanto al contenido de muchos libros acerca del matrimonio y las relaciones. Me gustaría colocar una cinta amarilla de precaución alrededor de muchos libros cristianos éxito en ventas que se centran en las necesidades del esposo y de la esposa. Piensa en esto: solo porque el esposo conoce las cinco necesidades principales de su esposa no significa que esté dispuesto a complacerlas. ¿Por qué? Porque está demasiado ocupado pensando acerca de *sus* cinco necesidades prioritarias, esperando que ella lea los capítulos acerca de cómo ella puede llenar sus necesidades. Esta estrategia los deja a ambos centrados en sí mismos y luchando por hacer que el otro llene sus supuestas necesidades.

Estos libros deberían titularse *Los deseos de él/los deseos de ella* con un subtítulo que dijera: *Tu cónyuge nunca cubrirá tus necesidades, así que resígnate, acéptalo y acércate a Dios.*

Esto puede sonar duro, pero sería mucho más útil porque lo que esos libros éxito en ventas han hecho es describir las necesidades más importantes de tu cónyuge, o sea que ya no hay excusas para no llenarlas. No puedes alegar que no lo sabes. Cuando menos, antes de leer el libro juntos podrías suponer lo mejor y pensar: "Bueno, él no sabe lo que yo necesito". Ya no puedes decir eso. Ahora dices: "Hicimos juntos el estudio. Él sabe cuáles son mis cinco necesidades principales; esto es lo que yo necesito como mujer". Por su lado, él dice: "Estas son las cosas que necesito como hombre". Y como resultado, ambos están verdaderamente heridos y enojados porque su cónyuge sigue sin llenar sus necesidades.

Tanto el marido como la esposa recibirían mayor ayuda estudiando a Dios, y lo que él quiso decir con morir al yo, en lugar de estudiar las cinco necesidades principales que en realidad no son necesidades, sino deseos agarrados por una mano con el puño cerrado.

Un testimonio de treinta años de angustia

Si crees que soy alarmista y no estás convencido de que los ídolos de nuestros corazones terminan lastimando a aquellos que más amamos, entonces escucha la historia de una mujer cristiana que pasó más de treinta de sus cincuenta años tratando de avanzar en la vida mientras luchaba esquivando las andanadas que venían de la idolatría de su madre y que hacían estragos en su hogar mientras ella crecía. Y observa cómo siguió perpetuándose en su propio hogar después de que se casó. Ella dice:

Mi madre tenía varios ídolos y, para ser justa, debo decir que algunos de ellos empezaron siendo muy admirables. Pero a medida que pasaba su vida, sus deseos se convirtieron en exigencias, y luego en necesidades y luego en expectativas. Y cuando esas expectativas no se cumplían, su contrariedad llegaba como un torbellino. Y eran castigados todos sus amigos y quienes formábamos su familia.

La Palabra de Dios es muy clara cuando dice: "No los adorarás ni los servirás; porque Yo, el Señor tu Dios, soy Dios celoso, que castigo la iniquidad de los padres sobre los hijos, y sobre la tercera y la cuarta generación de los que me aborrecen, pero que muestro misericordia a millares, a los que me aman y guardan Mis mandamientos" (Deuteronomio 5:9-10).

En retrospectiva, uno de los ídolos que observé en mi madre era la buena posición social. Cuando se entronizó en su corazón, empezó a incorporar otros ídolos. En gran medida, su hijo (mi hermano) se convirtió en un ídolo porque ella pensaba que la ayudaría a cumplir su meta de sentirse importante.

El 14 de febrero hace solo algunos años, mi mamá pasó a la eternidad. Cuando mi padre me habló en la tarde del día 15, me dijo: "Hola," y empezó a llorar. De inmediato, supe que mi madre había muerto. Sus palabras resumieron todo y me mostró que aun en su muerte, mi madre seguía tratando de controlarlo. Él añadió: "Te llamo porque el pastor me dijo que debo hacerlo". Mi mamá había evitado que mi padre se comunicara conmigo por muchos años y aun en su muerte mi mamá quería tener el control; quería evitar que mi padre se relacionara conmigo. Y aunque ya estaba muerta, él todavía evitaba hacer algo en contra de ella, por temor a que ella todavía tuviera el poder de castigarlo de alguna manera.

Pero, ¿qué fue lo que convirtió a esa mujer en una persona tan enojada y amargada? ¿Qué había yo hecho de malo? ¿Cómo la había yo decepcionado? Bueno, en 1944, mi madre conoció y se enamoró de un joven carpintero que trabajaba para su padre en el ferrocarril. Su padre siempre alababa a ese joven y cuando un día lo trajo a casa a cenar, no tomó mucho tiempo para que se enamoraran. Después de que él regreso de la Segunda Guerra Mundial, se casaron y tres años después nació mi hermano. Pero hubo algunos problemas. Él nació con espina bífida y con solo una parte de una oreja.

Con el tiempo, su espina se consolidó y fue capaz de funcionar normalmente, y con cirugía plástica se restauró su oreja. La vida de mi madre empezó a girar alrededor de su hijo. Toda su vida era Chip, y mientras crecíamos, mamá siempre decía que Chip se convertiría en médico. Y cuando lo mencionaba, siempre enfatizaba que entonces la gente la vería como alguien importante. Las conversaciones eran algo así: "La gente sabrá quién soy porque mi hijo va a ser un doctor. Eso les va a dar una lección. Ya no se atreverán a menospreciarme". Este era el tono que usaba en muchas conversaciones en nuestro hogar.

Después, mi madre empezó a quejarse del hecho de que se había casado con un pobre carpintero, quien ganaba poco y ni siquiera había terminado la secundaria. Continuamente corregía la gramática de mi padre y lo humillaba. Ahora, ten en cuenta que todo esto sucedía mientras mi madre por fuera era la estampa viva de una mujer piadosa. Era muy activa en la iglesia y la comunidad donde usaba muchos de sus dones y talentos. Le gustaba ser la anfitriona en muchas de las reuniones del sábado por la noche.

¿Qué fue lo que salió mal? Bueno, si promueves a tus ídolos por suficiente tiempo, llega un punto en que das vuelta a la esquina, sufres un cambio, y no para mejor. Hace poco, mi hija mayor y yo estábamos viendo un antiguo álbum de fotos de la familia cuando de pronto ella sacó dos fotografías y me miró confusa. Luego apuntó al cambio evidente que se había operado en mi madre de una foto a la otra. La primera fue tomada cuando yo estaba en séptimo grado y la otra un año después. Mi hija tenía razón. Mi madre se veía feliz en la primera fotografía, pero en la segunda se veía como una persona enojada y amargada. Mi madre hizo un vuelco ese año, y todo empeoró.

El año siguiente, cuando yo estaba en octavo grado, literalmente observé que mi familia empezó a derrumbarse. Chip se había ido a la universidad a la que había entrado gracias a que mi madre había batallado mucho, y se enroló en la facultad de Medicina. Era una universidad de renombre para ella, para que ella se viera importante. Pero según recuerdo, ahí fue donde la vida de Chip comenzó a tomar otro rumbo. Empezó a fumar y beber sin control y finalmente confesó que estaba a punto de sufrir un colapso nervioso y dejó la universidad definitivamente. Es indudable que no pudo soportar la presión de cumplir el sueño de mi madre de alcanzar un mejor estatus a través de él.

Mi madre no tomó esto a la ligera, y su vida se empezó a descarrilar. En esa época, empezó a tener problemas propios, los cuales se magnificaron por su deseo de que toda la atención se centrara en ella. El médico le aconsejó que se fuera directo a casa después del trabajo, se tomara una copa de vino y se relajara. Pero poco después, ella se hizo alcohólica.

Durante mis años de secundaria, los hermanos y hermanas de mi padre empezaron a experimentar dificultades y recurrieron a él para que los ayudara. Mis padres y yo teníamos que hacer muchas visitas al hospital. Nunca pensé mucho acerca de ello. La familia de mi padre necesitaba ayuda, y ahí estábamos nosotros para ayudar. Pero la sangre de mamá empezó a hervir. Un día de San Valentín, mis padres decidieron ir a cenar. Mi tío los interceptó en la esquina de la casa y les preguntó si no les molestaría llevar los anteojos de su cuñado al hospital donde estaba internado. Lo que siguió nunca debió haber pasado. Mi madre saltó y explotó.

No puedes imaginarte lo que era experimentar la ira de mi madre, y eso fue lo que cayó sobre mi padre esa noche. Para cuando se aplacó la tormenta, mi madre había cortado todo contacto con la familia de mi padre. Estoy segura de que ellos hicieron cosas que agravaron el problema. Pero nada que justificara un rompimiento que duró treinta años. Sí, treinta años.

A esas alturas, mi madre ya era conocida en la iglesia y la comunidad como una persona iracunda y desagradable. Ella estaba enojada porque, según ella, la gente de la iglesia no apreciaba todo lo que ella hacía. Se empezó a alejar de sus amistades y nunca parecía tener nada agradable que decir de nadie. Era como si todas las personas con las que se relacionaba de pronto se hubieran convertido en ignorantes, y ya no le eran útiles. Mientras tanto, la vida de Chip se estaba desmoronando. Se había ido a vivir a Carolina del Norte, donde se casó y retomó los estudios de la universidad, pero nuevamente fracasó, y continuó fumando y bebiendo sin control.

Con Chip en Carolina del Norte, yo me quedé atrapada, viviendo con una madre iracunda y un padre que no le ponía límites en nada. La bebida amplificaba su enojo, y su amargura se derramaba sobre cualquiera que tuviera contacto con ella. Estando en la secundaria, yo había optado por cursos preparatorios para la universidad, pero un día mi madre vino a la escuela y cambió todo mi programa sin decirme nada. Le dijo a mi consejero de aptitudes que yo debía seguir una carrera en mercadotecnia de la moda. Decidió que yo iba a ser una diseñadora de modas famosa y hacer que ella se viera bien. Así que ya puedes imaginarte lo que pensó cuando, en mi último año, después de escuchar el llamado de Dios para mi vida, les anuncié que no solo sí iba a ir a la universidad, sino que quería empezar a trabajar en la Iglesia. Suena como un buen plan, pero puesto que el sueño de mi madre de meterme en los negocios de la moda no se hizo realidad, y su hijo ya había fallado en hacerla importante, cuando les anuncié mi plan de trabajar para la Iglesia fue la gota que colmó el vaso.

Es necesario decir que en mi pueblo y en mi familia no se esperaba que las chicas fueran a la universidad. Esa ni siquiera era una opción para mí. Así que mi madre pasó varias horas esa noche llamando a los pocos parientes con quienes todavía hablaba, para decirles la cosa terrible que yo había hecho. Y todavía puedo ver su cara vívidamente y escucharla decir gritando: "¿Qué he hecho para merecer esto? ¡Oh, Dios mío!".

Puesto que mi madre no se salió con la suya en mi caso, nuevamente se centró en mi hermano y su esposa.

Cada vez que tenía la oportunidad, mi madre lanzaba algún comentario para incitar una discusión entre Chip y su esposa. Se pensaría que una distancia de mil seiscientos kilómetros entre Chip y mi mamá sería suficiente separación, y que por supuesto Chip defendería a su esposa. Pero eso no sucedió. A medida que mi madre buscaba formas de perjudicar su matrimonio y atacar a su esposa, Chip le daba a mi madre la razón. Su matrimonio se deshizo y él se perdió de muchas cosas que no pudo hacer con su hijo Andrew. Finalmente, Chip regresó a casa con mis padres y nunca se fue de ahí. Aun como abuela, mi mamá era desagradable, y ninguno de sus nietos la respetaba.

Hace cerca de diez años, llamé a mi madre para confrontarla sobre dos asuntos menores, solo dos. Nunca fui grosera o irrespetuosa en mi conversación, pero su reacción fue predecible, dijo algo así como: "No te necesito; no quiero nada de ti. Nadie te necesita y nadie quiere nada de ti". Después empezó a gritarle a mi padre y luego a Chip para que colgaran el teléfono. Esa fue la última conversación que tuve con Chip. Él murió de cáncer de hígado tres años después. El pastor de la iglesia de mis padres me avisó que Chip se estaba muriendo y cuando le pregunté si creía que mi madre me permitiría visitar a mi hermano, me dijo: "No quiero lastimarte más de lo que has sufrido. Tu madre no te permitirá entrar en la casa si vienes. Ella te odia. Pero ten presente que esto va más allá de ti. Tú te convertiste en el blanco de su ira cuando en realidad nada tiene que ver contigo". Luego añadió que las personas de la iglesia se daban cuenta de cuán desagradable se había vuelto ella.

Cuando Chip murió, el pastor me llamó diciendo que pensaba que la muerte de mi hermano había quebrantado lo suficiente a mi madre de tal modo que estaba dispuesta a verme. Se equivocó. Cuando entré en la sala funeraria, me detuve y observé a mis padres parados ante el ataúd de Chip por un momento. Lo único que pude hacer fue orar: "Dios, de aquí en adelante, te entrego este momento. Toma tú el control, porque siento ganas de apretarle el cuello. Así que todo se trata de ti, y nada de mí". Después del funeral, mientras me bajaba de la limosina, mi madre dijo: "Hagamos como que nada de lo sucedido pasó". Esto era clásico de mi madre. "Barramos el pasado debajo de la alfombra y simulemos que nada ha pasado". Es evidente que en ningún momento pensó que ella podría estar equivocada.

Durante los meses siguientes, traté de mantener una puerta abierta y los llamaba cada semana. Pero a medida que pasó el tiempo, nada cambió. Mi madre seguía exigiendo que mi vida girara alrededor de ella. Ni siquiera voy a entrar en todos los argumentos tontos que sacó durante los meses siguientes, así que después de Navidad, finalmente desistí de comunicarme con ella.

A pesar de todo lo que pasó, seguía amando a mi padre. Mis oraciones durante los nueve años anteriores habían sido que de algún modo yo pudiera recuperarlo. Lo extrañaba. Aunque nunca se puso firme ante mi madre como debería, yo podía entender el miedo que él le tenía. Él no creía en el divorcio, y sabía lo que ella haría si se atrevía a confrontarla. Así que eligió vivir de ese modo.

Por eso, cuando mi padre me llamó el pasado febrero, yo supe que mi madre había muerto. También sabía que ella no habría querido que papá me llamara para avisarme de su muerte. Me parecía oírla: "No te atrevas a llamarla; no la necesitamos".

Mi madre nunca obtuvo el estatus que exigía, ni muchas de las otras cosas de la vida que sentía que merecía, ni la carrera que quería. Su hijo, que se suponía iba a ser alguien grande, murió siendo un alcohólico que vivía del gobierno. Fracasó en la universidad, en sus empleos, en su matrimonio y como padre. Murió siendo un fracasado.

Y mi madre se perdió de disfrutar de sus hijos y nietos. Siempre le tuvo miedo a la muerte y no quería morir sola, pero así fue exactamente como ocurrió. Todos sus ídolos hechos por su mano se derrumbaron, dejándola enojada, odiosa y amargada. Todos, excepto dos de los hermanos de mi padre, murieron antes de poder reconciliarse. Por miedo y por sumisión a mi madre, por treinta años, mi padre se alejó de ellos.

Desde la muerte de mi madre, mi padre ha reanudado el contacto con los dos hermanos que le quedan. Ha sido un gozo ver cómo mejoran sus relaciones y ver cuán felices son los tres. Su hermana (mi tía) ya tiene 104 años, y durante 30 años se estuvo preguntando qué había hecho ella para merecer ese trato. Pero ahora ya conoce la verdad. Los nietos han conocido a su tío abuelo y tía abuela por primera vez. Incluso mi esposo los conoce ahora. Hasta el pasado verano, mi esposo nunca había conocido a ningún familiar por parte de mi padre. A nadie.

Ahora mi padre todavía se pregunta qué fue lo que falló con Chip. Y habiendo vivido con mi mamá por cerca de 59 años, ciertamente le quedaron cicatrices. Pero con la ayuda de Dios, juntos hemos podido entender mucho de lo que pasó, y lo estoy ayudando a que sane. En cuanto a mi madre, Jonás 2:8 lo dice de la mejor manera: "Los que siguen a ídolos vanos abandonan el amor de Dios" (NVI).

Al leer ese relato, puedes pensar: "Bueno, Brad, es un poco extremo. Buscaste y encontraste el peor ejemplo posible. No siempre va a ser tan malo". Por favor, observa que esta historia no comenzó con pecados horrendos, pero mira cómo terminó y observa el impacto irreversible que tuvo en tres generaciones de una familia. Los ídolos se multiplican. No valen la pena. Donde quiera que estés ahora, analiza los anhelos que están detrás de tus conflictos, y arrepiéntete. No permitas que crezcan. No permitas que pululen en tu vida. No permitas que se extiendan por tu familia.

Primero, para la gloria de Dios y, segundo, para que puedas ser libre para amar a tu prójimo como a ti mismo.

ORACIÓN FINAL

Dios, gracias por la esperanza en Cristo. Gracias por Jesucristo, su obra en la cruz, su gracia y su sangre. Dios, te pido que me reveles cuáles son los ídolos de mi corazón para que pueda arrepentirme de ellos, para que te pueda amar a ti, Señor mi Dios, con todo mi corazón y alma y mente y fuerzas, y para que pueda amar a mi prójimo como a mí mismo. Dios, mi idolatría hace que use a las personas y ame las cosas. Dios, ayúdame a arrepentirme para que pueda amar a los demás y transmitirles tu gracia. Te lo pido en el nombre de Jesús. Amén.

5

LA IDOLATRÍA CAMBIA TU IDENTIDAD

QUIERO QUE VEAS la gravedad de la batalla que estamos enfrentando al estudiar el asunto de los ídolos del corazón, y por qué es tan difícil arrepentirnos. Esta es la batalla de los siglos. Nuestra lucha no es nueva. La vemos descrita en Romanos 1:21-23: "Pues aunque conocían a Dios, no lo honraron como a Dios ni le dieron gracias, sino que se hicieron vanos en sus razonamientos y su necio corazón fue entenebrecido. Profesando ser sabios, se volvieron necios, y cambiaron la gloria del Dios incorruptible por una imagen en forma de hombre corruptible, de aves, de cuadrúpedos y de reptiles". Solo porque no adoramos al sol y la luna, no pienses que no somos idólatras tanto como la gente que Pablo describe aquí. Ellos cambiaron al Dios de la gloria por un animal cuadrúpedo, pero nosotros lo cambiamos por un marido, un hijo, un trabajo, un automóvil, una casa, una idea, un cuerpo bien entrenado, el prestigio o cualquier otra cosa. Todos somos idólatras, todos los que poblamos la tierra. Solo diferimos en la forma en que manifestamos nuestra idolatría.

El pasaje sigue diciendo: "Por lo cual Dios los entregó a la impureza en la lujuria de sus corazones, de modo que deshonraron entre sí sus propios cuerpos. Porque ellos cambiaron la verdad de

Dios por la mentira, y adoraron y sirvieron a la criatura en lugar del Creador, quien es bendito por los siglos. Amén" (Romanos 1:24-25). Observa que la frase no es "por *una* mentira", sino "por *la* mentira". ¿Sabes cuál es la gran mentira? Que puedes vivir con algo que no sea Dios, que puedes realizarte con algo distinto a Dios, que puedes encontrar la felicidad y la paz y el significado y el propósito en algo que no es Dios.

Una razón por la que es tan feroz la batalla contra la idolatría y por la que esta es tan difícil de dejar es que no solo nos aferramos a los sustitutos de Dios. No solo estamos aferrándonos a un montón de imitaciones. El problema es mucho más grande, y está enraizado más profundamente.

LA IDOLATRÍA CAMBIA LA FORMA EN QUE TE PERCIBES

Cuando eres atraído a la trampa de la idolatría, adoptas una identidad completamente diferente. Empiezas a redefinirte a la luz de ese ídolo en particular. Ahora, no solo vives para tu matrimonio e hijos; te defines por tu ídolo de tal manera que te *conviertes* en tu matrimonio y en tus hijos. A eso se debe que, cuando se ve amenazada alguna de esas cosas para las que vives, reacciones con tanta fiereza y violencia. Te sientes atacado por el pánico si te la quitan, o si alguien se interpone entre tú y esa cosa, porque no solo es una cosa o persona que disfrutas; es *quien eres*. Ahí está la pérdida de la identidad. Tienes miedo de perderte a ti mismo.

Asumes una identidad falsa según sea tu ídolo en particular, por lo que el solo pensar en alejarlo de ti equivale a perderte tú, haciendo que tiemble toda tu estantería. Te produce un sentido de desorientación. Si sigues luchando, deseando arrepentirte y poner esto en práctica en tu vida, necesitas darte cuenta de que la roca de identidad en la que estás parado debe deshacerse debajo de sus pies; esta es una idea que cambiará tu vida.

Paul Tripp dice que sufrimos de *amnesia de identidad*. Y cuando sufres de amnesia de identidad, siempre te provoca un cambio de identidad. Siempre que dejas de cimentar tu identidad en quien eres en Cristo, la sustituyes con algo distinto.

Tripp dice que tomamos las experiencias, relaciones y triunfos como si fueran nuestra identidad. "Los pecadores tienden a olvidar que deben definirse a sí mismos en relación a su Creador y empiezan a definirse en relación a la creación. Pero la creación no puede soportar el peso de definirnos. Siempre se queda corta. Esto siempre sucede, y cuando lo hace, un momento de desilusión puede convertirse rápidamente en una definitiva pérdida de uno mismo".[1]

Lo que debería ser un momento de decepción se convierte en una definitiva pérdida de uno mismo. Cuando la psicología habla de que alguien necesita su tiempo y espacio para encontrarse a sí mismo, generalmente significa que la identidad de la persona está envuelta en algo o alguien que nunca fue diseñado para sustentarla. Así que esta crisis que está atravesando es algo bueno. El problema es que probablemente esa consejería es secular y nadie le ha dicho esto: "Tu identidad, tu roca, tu sustancia, tu razón de vivir, la razón por la que Dios te puso aquí es para que tengas una relación con tu Creador". En muchas ocasiones, la persona solo obtiene un nuevo sucedáneo para reemplazar al primero.

No conozco a nadie que se levante un día y diga: "Voy a centrar mi corazón en esta persona o cosa, y voy a dejar que controle completamente mi vida". Pero eso es lo que sucede, sutil y gradualmente:

Esa persona que conociste y que disfrutabas un poco se convierte en la persona sin cuya aprobación no puedes vivir. El trabajo que aceptaste para mantener a tu familia se convierte en la fuente de tu identidad y logros de la que no puedes prescindir. La casa que construiste para darle techo y comodidad a tu familia se convierte en un templo para la adoración de tus posesiones. Una atención correcta a tus propias necesidades se convierte en una existencia absorta en ti mismo. El ministerio se convierte más en una oportunidad de alcanzar el poder y la aprobación que en una vida entregada al servicio de Dios. Las cosas en las que ponemos nuestros corazones nunca están bajo control. Más bien, nos capturan, controlan y esclavizan. Este es el peligro de los tesoros en la tierra.[2]

PON TU CORAZÓN EN DIOS

Ahora, aquí viene lo bueno. Pon tu corazón en Dios. Definitivamente él no está bajo tu control ni nunca lo estará. Pero el resultado de poner tu corazón en Dios es que hace de ti una persona muy libre. Quedas libre de otras personas. Quedas libre de vivir a las corridas y vivir como el resto de las personas. Te libera y te llena. Pero cuando pones tu corazón en otras cosas, en algún tesoro terrenal, ya sea que esté en tu cuerpo, en una persona o en una sustancia, empieza a esclavizarte y controlarte. Por eso es que Proverbios 4:23 dice: "Guarda tu corazón". ¿Hasta qué punto? "Con toda diligencia [...] porque de él brotan los manantiales de la vida".

Según 2 Crónicas 16:9: "Porque los ojos del Señor recorren toda la tierra para fortalecer a aquellos cuyo corazón es completamente Suyo". Pon tu corazón completamente en Dios, y obtendrás su ayuda y apoyo. En la actualidad, Dios está buscando a cierta clase de persona, y tú podrías ser esa persona. Todos sabemos que no puedes perder veinticinco kilos instantáneamente o hacer que te crezca más pelo o convertirte en vicepresidente de una empresa. Te estoy haciendo una promesa de la que podrías disfrutar hoy mismo. Los ojos del Señor contemplan toda la tierra buscando a esa clase de persona, alguien cuyo corazón le pertenece a Dios completamente, y él mostrará su favor a esa persona.

Sustitutos comunes para la identidad que proceden de la idolatría

Uno de los sustitutos más comunes para reemplazar la identidad es: "Yo soy mi éxito". Tú te defines en términos de logros. ¿Quieres ser el mejor en lo que haces? Por supuesto. Ser cristiano no significa que seas tan humilde que quieras hacer un trabajo deficiente en tu empleo para ser el último en ser reconocido. "A Dios le agradará esto", te dices a ti mismo. "Es que soy muy humilde". No. Debes trabajar duro porque los cristianos deben trabajar duro. Debes actuar de tal manera que los jefes de empresa digan: "Busquemos a un cristiano para contratarlo. Ellos trabajan duro aunque sus jefes no los estén viendo porque lo hacen como para el Señor".

Vivir para la gloria de Dios se traslada a vivir para ti

Pero si vives para las alabanzas, el reconocimiento y las palmadas en la espalda has cruzado la línea de trabajar para la gloria de Dios a la idolatría, y esta te esclavizará. Tú sabes que Dios es amor, que es bienhechor, misericordioso, compasivo y paciente, pero también es celoso. Y él va a llegar a remover esa comodidad en que te encuentras si ve que ya no estás trabajando con excelencia para su gloria, sino para la tuya propia.

Dios es digno de que todo lo hagamos para él, y él sabe que cuando vives para cualquier otra cosa que no sea Dios es cuando más desdichado eres. Así que el acto más amoroso que Dios puede hacer es manifestar su ira celosa y justa para que se le dé la gloria y para tu propio bien, y derribará ese castillo de naipes que has construido para ti mismo, porque no vas a encontrar una plenitud y una paz duraderas viviendo de esa manera. Isaías 42:8 proclama: "Yo soy el Señor, ese es Mi nombre; Mi gloria a otro no daré, ni Mi alabanza a imágenes talladas".

"Yo soy mi éxito". Este es el perfil de un adicto al trabajo que obtiene su significancia de su próximo reconocimiento, así que se le hace casi imposible decir que no o ir más despacio en su trabajo. También es la mujer que no solo disfruta jugando tenis o fútbol o *softball*; ella vive para ello. Es la persona que se levanta cada día motivada por una sola cosa: obtener el próximo triunfo. El título en la puerta de la oficina define a la persona, no solo al trabajo.

CUANDO LO QUE HAGAS SE CONVIERTA EN QUIEN ERES, TE SENTIRÁS AMENAZADO POR LOS DEMÁS

Espero que no estés ya atrapado en "Yo soy mi éxito". Pero al mismo tiempo deseo que esto te ayude a ver mejor lo que está sucediendo cuando colisionas con otros en tu trabajo y obtienes una reacción violenta de su parte. Estás chocando contra su identidad. Eres una amenaza para ellos. Recibes un latigazo verbal, una puñalada por la espalda, un ataque a tu carácter, y piensas: "Pero ¿qué he hecho?". Has amenazado a su ídolo. Amenazaste a su reino. De hecho, has amenazado su misma existencia e identidad.

Si una persona nueva más joven y con mayores capacidades entra a la compañía, tú te sientes amenazado, desplazado. O tal vez lo que te define en este momento es tu promedio de bateo en el equipo de béisbol. Para ti es algo más que un pasatiempo; es tu identidad. Si obtienes tu identidad de tu empleo, o de los deportes, o de cualquier otra cosa, no pasará mucho tiempo para que empieces a ver que las exigencias comunes de un cónyuge o su familia se están interponiendo en tu camino. Empezarás a resentir que te están impidiendo pasar más tiempo en tu negocio o pasatiempo porque estos se han convertido en tu identidad; es para lo que vives. Y la amargura y la envidia vienen cuando ves a la gente que te rodea que se ha divorciado o está soltera, y puesto que está libre de las responsabilidades familiares, puede entregarse completamente a su empleo o pasatiempo.

Así me sentía cuando era un pastor joven. Ahí estaba yo, llegando a los treinta, viviendo en una casa móvil con mi esposa y tres hijos, mientras que todos los demás pastores de nuestro grupo eran mayores y ya había terminado de criar a sus hijos. Pero ahí estaba yo, con el ídolo de "yo soy este ministerio, esta es mi identidad, y quiero hacerlo para la gloria de Dios", pero en realidad creo que debería decir que era "para la gloria de Brad". Y había muchos pastores que llegaban muy temprano a trabajar y se quedaban hasta tarde. Y cuando recogía mis cosas para salir en el horario normal, se me hacía muy difícil porque pensaba: "Ellos todavía están en la oficina. Siguen trabajando. Y mírame a mí. ¿Qué van a pensar de mí? ¿Cómo podré soportarlo?".

Ahora, recojo mis cosas y me marcho cuando debo hacerlo, aun si los otros pastores están trabajando. Yo puedo decir: "Dios, solo te rindo cuentas a ti. No se trata de las apariencias. Tampoco se trata de una competencia. Quiero trabajar duro para tu gloria y honra y tú sabes cuánto y qué estoy haciendo, y tú sabes que tengo cinco hijos y otras responsabilidades". Pero solo puedes hacer esto cuando tus ídolos han muerto, nunca mientras están batallando en tu corazón. Los logros nunca se diseñaron para que nos dieran identidad. Así que cuando estos reemplazan a nuestra identidad bíblica verdadera, producen una cosecha de malos frutos.

¿Qué hay de ti? ¿Los logros personales significan para ti mucho más de lo que deberían? Ya sé que es una pregunta difícil. Ya sé que estás sentado pensando: "No lo sé. En realidad, soy solo un trabajador muy dedicado, ¿o…?". Trae este asunto delante de Dios. Pregúntale: "¿Significan mis logros personales más de lo que deberían? ¿Hay alguna idolatría en juego en esto? ¿En realidad hago todo para la gloria de Dios? ¿Es eso lo que me está sucediendo?".

Mantener el evangelio en un lugar central te libera de tener que defenderte

¿Será posible que hayas estado recurriendo al éxito como la fuente de tu identidad, significado y propósito? A continuación, aprende algo de lo que dice el apóstol Pablo. En Filipenses 1, él estaba en la cárcel. En realidad, eso le impedía escalar en el aspecto de la escalera corporativa. Otros estaban plantando iglesias, evangelizando y edificando sus ministerios, pero él estaba en la cárcel. Y lo que vemos en Filipenses 1 es la fealdad de la competencia, aun en el ministerio y en la extensión del evangelio. Pablo dice en el versículo 15: "Algunos, a la verdad, predican a Cristo aun por envidia y rivalidad".

¿Es posible que la gente salga a predicar a Cristo de una forma competitiva? ¿Es posible que las iglesias vayan tan lejos como para odiarse unos a otros aunque todos son cristianos y todos van a llegar al cielo? Sí, y no es algo nuevo. Mira: "Algunos, a la verdad, predican a Cristo aun por envidia y rivalidad, [...] Aquellos proclaman a Cristo por ambición personal, no con sinceridad, pensando causarme angustia en mis prisiones" (Filipenses 1:15, 17). Lo que Pablo está diciendo es "Yo estoy encerrado en la cárcel, encadenado, y piensan que esto me va a herir todavía más mientras ellos se me adelantan". El pasaje dice que esas personas quieren "causarme angustia en mis prisiones" (v. 17). No solo están predicando el evangelio, sino que quieren aumentar las angustias que el apóstol sufre en la prisión.

Pero la identidad de Pablo está en Cristo. Él no está interesado en proclamar: "Yo soy un apóstol. Soy un plantador de iglesias. Esa es toda mi identidad". Él entiende que es hijo de Dios. Que Jesús murió por él, que Dios lo rescató y lo perdonó. El tesoro más grande de Pablo no es predicar el evangelio: es poseer el evangelio para sí mismo, deleitándose en el hecho de que Dios lo ha escogido, salvado y guardado para su gloria. Pablo no ha olvidado que ha sido un asesino, que resoplaba amenazas mientras iba en camino a Damasco para enviar más cristianos a la cárcel cuando Dios lo hizo caer de su caballo y lo salvó. Pablo sabe que esta es la cosa más importante en cuanto a su identidad; no es ninguna iglesia que haya plantado ni las cartas inspiradas que ha escrito ni el evangelio que ha predicado. Por lo tanto, pudo decir: "¿Entonces qué? Que de todas maneras, ya sea fingidamente o en verdad, Cristo es proclamado; y en esto me regocijo, sí, y me regocijaré" (Filipenses 1:18).

He *aquí* un hombre que sabe quién es en Cristo. Es un hombre que ha luchado muy duro para marcar la diferencia entre "Soy un hijo de Dios" y "¡Ah! Por cierto, él me ha llamado a ministrar de tiempo completo como evangelista y apóstol". Y no tienes que estar en el ministerio de tiempo completo para que estos versículos se apliquen a ti. Primero, eres hijo de Dios antes que cualquier cosa que hagas. Después de eso, eres una esposa, o marido, o empleado o jugador de fútbol.

No pierdas de vista el porqué de que Dios te esté usando

Otro personaje bíblico que entendió esta verdad fue Juan el Bautista, quien no se sintió amedrentado cuando el ministerio de Jesús comenzó a hacer que palideciera su trabajo. Una cosa como esa puede lastimarnos, ¿verdad? Ahora sustituye la palabra "ministerio" por tu trabajo, tus capacidades, tus dones. Supón que alguien llega y hace que tu trabajo palidezca, de tal modo que dejas de ser el empleado del mes.

Pero Juan el Bautista sabía quién era; su identidad estaba sólidamente fundamentada. Y cuando su ministerio empezó a desaparecer ante la gloria de la llegada de Cristo, él no cayó en depresión. No se aferró con temor a su ministerio. Él no atacó a los que lo estaban dejando por seguir a Cristo. Fíjate en Juan 3:26, donde puedes darte cuenta de la mentalidad de los discípulos de Juan, que corrieron a él: "Y vinieron a Juan y le dijeron: Rabí, mira que el que estaba contigo al otro lado del Jordán, de quien tú diste testimonio, bautiza, y todos vienen a él". Aquel era Juan el Bautista, enviado por Dios para preparar el camino del Mesías, para que anunciara que Cristo ya venía; y cuando en efecto llegó, los discípulos de Juan estaban tan inmersos en el ministerio de Juan que de hecho tuvieron miedo, se sintieron amenazados, cuando en realidad todo estaba saliendo conforme al plan.

Se suponía que el ministerio de Juan iba a ser temporal y con el único objetivo de anunciar a Cristo. Y cuando empezó a suceder, los discípulos de Juan se sintieron amenazados y dijeron: "Rabí, mira, Aquel que estaba contigo al otro lado del Jordán, de quien diste testimonio, está bautizando y todos van a Él" (Juan 3:26).

Puedo imaginar a Juan diciendo: "¿Y cuál es el problema?". Después: "Juan les respondió: 'Ningún hombre puede recibir nada si no le es dado del cielo'" (v. 27). Él sabía quién era y que el trabajo que había hecho nunca le había pertenecido. Quién eres y lo que haces no te pertenece; sin importar cuán bueno seas haciéndolo, sin importar la forma en que Dios te esté usando, te fue dado. Y si Dios decide quitártelo, también puede hacerlo para su gloria y tu bien.

Juan el Bautista les dijo esto a sus discípulos: "Juan les respondió: 'Ningún hombre puede recibir nada si no le es dado del cielo. Ustedes mismos me son testigos de que dije: "Yo no soy el Cristo, sino que he sido enviado delante de Él". El que tiene la novia es el novio, pero el amigo del novio, que está allí y le oye, se alegra en gran manera con la voz del novio. Y por eso, este gozo mío se ha completado'" (Juan 3:27-29). Él tuvo que decírselos con sencillez. "Ustedes se sienten amenazados. Están ansiosos y temerosos. Yo estoy gozoso porque esto es lo que tenía que pasar". Y lo resume de esta manera en Juan 3:30: "Es necesario que Él crezca, y que yo disminuya". Tanto Pablo como Juan el Bautista entendieron y enfrentaron la identidad falsa de "Yo soy mi éxito". Tú debes hacer lo mismo.

"YO SOY MIS RELACIONES": DEFINIRTE A TI MISMO POR LAS PERSONAS QUE TE RODEAN

Con este sustituto en particular, te defines a ti mismo en términos de las personas que te rodean. No solo te agradan las personas; no solo las amas o las sirves; necesitas que ellas te sirvan a *ti*. Aquí es donde se complica. Dios es un Dios relacional. Él nos diseñó para que vivamos en comunidad unos con otros. Él modela la importancia de las relaciones en la Trinidad: Dios el Padre, Dios el Hijo y Dios el Espíritu Santo, por toda la eternidad, relacionándose con y para el otro. Esta es una de las cosas que definen al hombre como imagen de Dios. Él es un Dios relacional. Nosotros somos seres relacionales. Queremos estar en relación con otras personas.

Pero nuestra naturaleza pecaminosa, nuestros corazones idólatras, nos llevan un paso más allá; buscamos que otras personas hagan por nosotros lo que nunca fueron diseñadas para hacer: darnos identidad, propósito y significado.

Empezarás a usar a las personas en vez de amarlas

Es grandioso amar a las personas. Es maravilloso disfrutarlas y servirlas, apreciar la camaradería de las interacciones sociales. Pero con las relaciones, siempre estás en una ladera resbaladiza, y es fácil patinar, de tal modo que lo que empezó como amor a las personas para la gloria de Dios de pronto se convierte en un anhelo de obtener su aceptación y afirmación para tu gloria personal. En vez de hallar tu seguridad en el amor de Dios, en lugar de pararte sobre la roca que es Cristo, dejas de amar a los demás y empiezas a usarlos para que llenen el vacío que hay en tu vida y que solo Dios puede llenar.

Empiezas por desear la atención, afirmación o aprobación de otras personas. Anhelas tenerlas para ti y desprecias a cualquiera que las atraiga ya sea en tu grupo pequeño, en tu trabajo o en el equipo de fútbol porque son una amenaza a tu pequeño reino. Desearías que no estuvieran ahí porque ellos están obteniendo aquello que tú más deseas, lo que quieres, lo que sientes que debes tener. En este punto, eres adicto a la aprobación; usas a las personas en lugar de servirlas y amarlas para la gloria de Dios. Y una vez que sigues esa senda, el ídolo de "actuar para agradar a los que son importantes para mí" toma posesión y tu vida se convierte en un despliegue de actuación, donde quieres atraer el reflector, buscando la aprobación de quienes te rodean.

¿Pero qué se supone que deberías estar haciendo? ¿En qué debe estar puesta tu mirada? Segunda de Corintios 5:9 nos dice: "Por eso, ya sea presentes o ausentes, ambicionamos agradar al Señor". Hay mucha gente que desperdicia mucha energía y tiempo tratando de complacer a las personas, pero no hace esfuerzo alguno por agradar a la única persona a quien deben agradar, a Dios.

Hay muchos que luchan con el ídolo de "Agradar a los que son importantes para mí" de tal manera que los psicólogos contemporáneos les han dado un nombre. La etiqueta que utilizan es *codependencia*, vivir para, y estar esclavizado a, la aprobación de otra persona. Pero esto ha existido siempre, o al menos desde que dos pecadores han vivido en el mismo lugar al mismo tiempo. La Biblia tiene un término mucho más adecuado para ello: agradar a los demás. Esta no es solo una cuestión psicológica que la Biblia no menciona. No hace falta ir a otro lugar para encontrar ayuda para enfrentarla.

Saúl

En 1 Samuel 15, el rey Saúl eligió agradar a su pueblo en lugar de a Dios. El Señor le había dicho que matara a todos los amalecitas y sus animales. Pero Saúl quería agradar a su pueblo, así que mantuvo con vida a los animales y también a Agag, el rey de lo amalecitas. Después, cuando vino el profeta Samuel, Saúl trató de justificarse diciendo algo así como: "Bendito seas. Es maravilloso servir a Dios juntos, y he hecho todo en el nombre del Señor".

Samuel replicó:" Déjame declararte lo que Jehová me ha dicho esta noche" (v. 16). Y prepárate, no fue cosa pequeña. Si piensas que no es gran cosa vivir para agradar al pueblo en lugar de hacer lo que Dios manda, escucha cuáles fueron las consecuencias de la desobediencia de Saúl: "Por cuanto tú desechaste la palabra de Jehová, él también te ha desechado para que no seas rey" (v. 23).

Primera de Samuel 15:22 dice: "Entiende, el obedecer es mejor que un sacrificio". Pero Saúl quería obtener la aprobación del pueblo.

Pilato

Marcos 15:15 dice: "Pilato, queriendo complacer a la multitud, les soltó a Barrabás; y después de hacer azotar a Jesús, lo entregó para que fuera crucificado". Pilato sabía que Jesús era inocente. Su misma esposa había tenido un sueño la noche anterior y dicho: "No tengas nada que ver con ese varón". Y él pensó que al lavarse las manos ceremonialmente en un recipiente de agua estaba diciendo: "Muy bien, he terminado con esto. Ya no es mi responsabilidad". Y, sin embargo, él era la autoridad. Él tenía la responsabilidad. Pero por querer complacer a la muchedumbre, él entregó a Jesús para ser crucificado.

Pedro

En el libro de los Hechos, Dios le dio a Pedro una maravillosa ilustración para mostrarle que ya no habría distinción entre judíos y gentiles; la pared de separación había desaparecido y la gente toda era igual a los pies de la cruz; la salvación era a través de Cristo para todos. Ya no había puros e inmundos. Dios le mostró a Pedro los animales impuros: "Y oyó una voz: 'Levántate, Pedro, mata y come'" (Hechos 10:13). Pero: "Pero Pedro dijo: 'De ninguna manera, Señor, porque yo jamás he comido nada impuro o inmundo'". No obstante, "por segunda vez, llegó a él una voz: 'Lo que Dios ha limpiado, no lo llames tú impuro'" (v. 15), sino cómelo con acción de gracias como para el Señor.

Y no mucho tiempo después, Pedro visito a los creyentes gentiles y comió con ellos, lo que según la ley del Antiguo Testamento no estaba bien visto. Pronto aparecieron los judaizantes, los todopoderosos líderes religiosos. Y Pedro se apartó de los gentiles. Tú podrás decir que fue un asunto menor. Pero no lo fue. Y Pablo reprendió a Pedro en su cara y le dijo: "¿Cómo puedes hacer esto? ¿Cómo puedes ser tan mal ejemplo buscando agradar a los hombres?".

LA FALSA IDENTIDAD INFLUYE EN LA CRIANZA DE TUS HIJOS

Entonces, ¿cómo es que este ídolo de "Yo soy mis relaciones" se manifiesta en tu vida? Paul Tripp da un ejemplo en el área de la crianza de los hijos. "Joanna creía que había madurado en su fe. El problema era que ella había olvidado quién era, y no pasó mucho tiempo para que su identidad en Cristo fuera reemplazada por otra identidad. Los hijos de Joanna se convirtieron en su nueva identidad".[3]

Madres, las amo entrañablemente. Entiendo cómo sucede esto: porque ustedes dan tanto de sí mismas. Los hijos necesitan mucho. Ustedes deben limpiarlos, corregirlos y hablarles, cargarlos, vestirlos, protegerlos y así sin parar... tal vez sienten que eso es todo lo que hacen. Yo entiendo que es muy difícil. No dejen de hacer esas cosas, pero luchen para seguir leyendo su Biblia lo suficiente, adorando a Dios lo suficiente y pensando sobriamente como para decir: "Yo sé que estos quehaceres me demandan todo lo que tengo, pero esto no es lo que soy". Se verán cayendo en un horrible pozo de depresión si no mantiene esa diferencia.

Tripp sigue diciendo que cuando los hijos de Joanna se convirtieron en su nueva identidad, realmente sí le dieron significado y propósito, así como esperanza y gozo, por un tiempo. El problema es que ellos no fueron diseñados por Dios para hacer nada de eso. Joanna vivía indirectamente a través de ellos, y cuanto más hacía, más se obsesionaba con que tuvieran éxito.

> Ella siguió siendo fiel a sus devociones personales y la adoración pública, pero Dios había dejado de estar en el centro de quien era.
>
> Y no pasó mucho tiempo antes de que su pequeño hijo echara todo a perder. Con todo su torbellino interior, Jimmy fue un trofeo muy deficiente. Estar con él a menudo significaba tener confrontaciones inesperadas y vivir situaciones vergonzosas en público. Obligadas a vivir a la sombra del drama de Jimmy, las hijas de Joanna también se convirtieron en trofeos muy deficientes.
>
> Cuando sus hijos abandonaron el nido, Joanna se sintió perdida, paralizada por lo que les había pasado, no solo porque los amaba tanto, sino lo que es más importante, por lo que esa lucha le había costado a ella. En su tumultuoso paso hacia la adultez, los hijos no solo le rompieron el corazón a Joanna, sino que también le robaron su identidad. Sentía que nada

había valido la pena. Cuando se veía al espejo, sentía que ya no conocía a la persona que le devolvía su propio reflejo.[4]

Muchas veces se requiere una prueba muy dolorosa para exponer nuestra idolatría.

RECUERDA QUIÉN ERES EN CRISTO

Proverbios 29:25 dice: "El temor al hombre es un lazo, pero el que confía en el Señor estará seguro". Entonces, ¿cuál es la solución a la sustitución de identidad? Recuerda quién eres en Cristo. El recordar quiénes somos en Cristo debe definir nuestra identidad, y necesitamos recordar eso continuamente. De eso se trata la lectura constante de la Biblia. No caigas en la trampa de pensar que la Biblia solo contiene un índice de problemas (estoy luchando con el enojo; muéstrame algunos versículos sobre la ira; estoy batallando con el orgullo; muéstrame algunos versículos sobre el orgullo). ¿Sabes cuál es el problema número uno del cristiano? La amnesia de identidad: olvidar quién eres. La Biblia nos recuerda quiénes somos en Cristo.

Piensa en la cantidad de veces que los escritores bíblicos, en especial de las epístolas, hablan de quién eres y no solo de "haz esto; no hagas aquello". Colosenses 3:1-2 enseña lo siguiente: "Si ustedes, pues, *han resucitado con Cristo*, busquen las cosas de arriba, donde está Cristo sentado a la diestra de Dios. Pongan la mira en las cosas de arriba, no en las de la tierra".

La segunda epístola de Pedro establece quién eres: "Gracia y paz les sean multiplicadas a ustedes en el conocimiento de Dios y de Jesús nuestro Señor. Pues Su divino poder nos ha concedido todo cuanto concierne a la vida y a la piedad, mediante el verdadero conocimiento de Aquel que nos llamó por Su gloria y excelencia. Por ellas Él nos ha concedido Sus preciosas y maravillosas promesas, a fin de que ustedes lleguen a ser partícipes de la naturaleza divina, habiendo escapado de la corrupción que hay en el mundo por causa de los malos deseos" (2 Pedro 1:2-4).

Después de decirnos quiénes somos, pasa a decirnos algunas cosas que debemos hacer. Pero observa cómo, al hacer esto, regresa de nuevo a decir quiénes somos: "Por esta razón también, obrando con toda diligencia, añadan a su fe, virtud, y a la virtud, conocimiento; al conocimiento, dominio propio, al dominio propio, perseverancia, y a la perseverancia, piedad, a la piedad, fraternidad y a la fraternidad, amor. Pues estas virtudes, al estar en ustedes y al abundar, no los dejarán ociosos ni estériles en el verdadero conocimiento de nuestro Señor Jesucristo. Porque el que carece de estas virtudes es ciego o corto de vista, habiendo olvidado la purificación de sus pecados pasados" (1:5-9). Por eso necesitamos alabar a Dios por su perdón, su redención y nuestra total expiación. Necesitamos que se nos recuerde que debemos mantener las cosas más importantes en primer lugar.

Segunda de Pedro 1:10-11 dice: "Así que, hermanos, sean cada vez más diligentes para hacer firme su llamado y elección de parte de Dios. Porque mientras hagan estas cosas nunca caerán. Pues de esta manera les será concedida ampliamente la entrada al reino eterno de nuestro Señor y Salvador Jesucristo".

A continuación, observa cuántas veces usa varias formas de la palabra "recordar": "Por tanto, siempre estaré listo para *recordarles* estas cosas, aunque ustedes ya las saben y han sido confirmados en la verdad que está presente en ustedes. También considero justo, mientras esté en este cuerpo, estimularlos *recordándoles* estas cosas, sabiendo que mi separación del cuerpo terrenal es inminente, tal como me lo ha declarado nuestro Señor Jesucristo. Además, yo procuraré con diligencia, que en todo tiempo, después de mi partida, ustedes puedan *recordar* estas cosas" (2 Pedro 1:12-15).

La idolatría es más grande que solo aferrarse a unos cuantos sustitutos. Incluye adoptar un cambio de identidad que nos conduce a sentirnos que estamos perdidos. Encuentra tu identidad en Cristo y solo en Cristo. Párate firmemente en la roca de lo que Cristo te ha dado: tu salvación, tu redención, tu perdón, una conciencia tranquila. Si no conoces a Cristo, ni siquiera puedes empezar a hacer las cosas que acabas de leer. Te animo a que te acerques a Cristo; encuentra tu identidad en él. Recibe su perdón hoy mismo. Clama a él y experimenta su misericordia. Si ya lo conoces, arrepiéntete de cómo has empezado a vivir por otra cosa, asumiendo la identidad de cualquier cosa que no sea Cristo.

PARTE 2

ENTONCES, ¿CUÁL ES LA SOLUCIÓN?

6

NECESITAMOS UN EXAMEN DE RAYOS X DEL CORAZÓN

LOS ÍDOLOS ESTÁN ARRAIGADOS EN TU CORAZÓN

Analicemos este asunto con mayor profundidad. ¿De dónde vienen los ídolos? ¿Cómo nos hacen caer en problemas? Pasaremos un tiempo en Ezequiel 14 porque quiero mostrarte algunos versículos que creo son la mejor explicación de lo que sucede dentro de nosotros. Es como hacernos un estudio de rayos X del corazón. Hace algunos años, me rompí el ligamento de la rodilla izquierda en un campamento juvenil. En lo único que podía pensar era en que nunca antes había sentido un dolor tan intenso como aquel en toda mi vida. De camino al hospital, pensaba: "¿Por qué siento este agudísimo dolor a un lado de mi pierna? ¿Qué es lo que me está lastimando tan horriblemente? ¿Qué he hecho?". Pero cuando el médico puso en el visor de luz la placa de rayos X de mi rodilla y empezó a explicarme, todo tuvo sentido. "Esto es lo que hiciste… esto es lo que vemos… esto es lo que entendemos…".

Ezequiel 14 es como eso. La diferencia es que no es un estudiante de medicina ni un experimentado cirujano el que nos habla. Es nuestro Creador. Él ha puesto la placa de nuestros corazones en el visor de luz y nos dice: "Déjame explicarte por qué tu vida va de esa forma y por qué sientes tanto dolor".

"Tu problema son los ídolos de tu corazón".

Los ídolos del corazón están detrás de muchos de nuestros pecados específicos. La gran mayoría de las luchas que tenemos con otras personas y gran parte de nuestro enojo, temor y depresión pueden rastrearse hasta los ídolos de nuestros corazones. Por eso es que Proverbios 4:23 nos advierte: "Por sobre todas las cosas cuida tu corazón, porque de él mana la vida" (NVI). En otras palabras, según están nuestros corazones, así están nuestros sueños, emociones, decisiones, prioridades, la vida entera. Todo empieza con el corazón.

Por ejemplo, alguien puede tener un problema serio con la ira, pero no podrá empezar a vencerla hasta que reconozca y entienda que tiene un ídolo importante, un ídolo gobernante, algo así como: "Debo ser respetado" o "todos deben admirarme". Y cuando no se le respeta bien o lo suficiente, reacciona con enojo. La ira es solo su reacción, su venganza por no obtener el respeto o la admiración que desea. La batalla se hace más clara y empieza a ver algún avance solo cuando define cuáles son sus ídolos, en lugar de memorizar cuatro o cinco versículos en contra de la ira.

Tenemos que buscar en el corazón.

Jeremías 17:9 dice: "Más engañoso que todo es el corazón, y sin remedio; ¿quién lo comprenderá?". Pero Ezequiel 14 nos muestra cómo se ve Jeremías 17:10 en acción: "Yo, el Señor, escudriño el corazón, pruebo los pensamientos, para dar a cada uno según sus caminos, según el fruto de sus obras". Nosotros no conocemos nuestros corazones, pero Dios sí. Él dice: "Yo pruebo el corazón; escudriño la mente. Pondré la placa de rayos X en el visor de luz, y te mostraré lo que está pasando en tu vida, por qué pecas, la forma en que lo haces, con quién pecas, cuándo pecas, con cuánta frecuencia lo haces y por qué ese pecado en particular es tan difícil de erradicar".

Lo que he descubierto en mi vida es que, si estoy luchando por deshacerme de un pecado en particular, casi siempre encuentro que hay un montón de ídolos que están asociados con él. Esto es lo que hace tan difícil deshacerme de él. Los muchos ídolos sustentan y alimentan ese pecado, y me arrastran hacia atrás una y otra vez.

Ezequiel 14:1-8 relata:

Entonces vinieron a mí algunos de los ancianos de Israel y se sentaron delante de mí. Y vino a mí la palabra del Señor: "Hijo de hombre, estos hombres han erigido sus ídolos en su corazón, y han puesto delante de su rostro lo que los hace caer en su iniquidad. ¿Me dejaré Yo consultar por ellos? Por tanto, diles: 'Así dice el Señor Dios: "Cualquier hombre de la casa de Israel que erija sus ídolos en su corazón, y que ponga delante de su rostro lo que lo hace caer en su iniquidad, y después venga al profeta, Yo, el Señor, le responderé entonces de acuerdo con la multitud de sus ídolos, a fin de alcanzar a la casa de Israel en sus corazones, que están apartados de Mí a causa de todos sus ídolos"'.

"Por tanto, dile a la casa de Israel: 'Así dice el Señor Dios: "Arrepiéntanse y apártense de sus ídolos, y de todas sus abominaciones aparten sus rostros. Porque a cualquiera de la casa de Israel, o de los extranjeros que residen en Israel, que se aleje de Mí y erija sus ídolos en su corazón, que ponga delante de su rostro lo que lo hace caer en su iniquidad, y después venga al profeta para consultarme por medio de él, Yo, el Señor, le responderé por Mí mismo. Pondré Mi rostro contra ese hombre"'".

Las cosas se veían bastante mal en ese tiempo. Dios les dijo: "Sí, vengan a mí, oren y clamen. ¿Quieren saber por qué es tan difícil su vida? Yo les diré y no voy a hablar acerca de la situación dolorosa específica que quieren que yo quite de ustedes. Les voy a hablar acerca de una, y solo una, cosa: sus ídolos". Ezequiel 14:8 continúa diciendo: "Haré de él señal y proverbio, y lo cortaré de en medio de Mi pueblo. Así ustedes sabrán que Yo soy el Señor".

Permíteme hacerte algunas preguntas a medida que analizamos este pasaje. Quizá esta sea la primera vez que te has detenido a estudiar Ezequiel 14:1-8, y mucho menos has tratado de aplicarlo a tu vida. Veamos todas las cosas buenas que podemos sacar de él.

TÚ ERES QUIEN PUSO LOS ÍDOLOS EN TU CORAZÓN

¿Dónde están esos ídolos que están causando tantos problemas? Mira Ezequiel 14:3. "En su corazón". ¿Cómo llegaron hasta ahí? "Estos hombres han erigido sus ídolos en su corazón". Entonces, ¿quién tiene la culpa de tanto problema? "Estos hombres".

Tú dirás: "Yo no soy consciente de que eso me suceda. No sé si he hecho eso". Dios dice: "Estos hombres han erigido sus ídolos en su corazón". ¿Crees que somos diferentes a esos hombres? No, nosotros somos culpables de poner los ídolos en nuestros corazones; no es Satanás ni nuestra madre ni nuestro vecindario ni Hollywood ni siquiera el gobierno. Nosotros lo hicimos; es nuestra culpa, y no solo es nuestra culpa; es nuestra propia naturaleza. Nuestra propia naturaleza nos hace adoradores de ídolos.

Tú eres quien puso tus ídolos en tu corazón. Tal vez me digas: "Yo no estoy poniendo ídolos en mi corazón. ¿Acaso no me daría cuenta si así lo hiciera?". Déjame establecer lo siguiente: ¿Alguna vez tienes pensamientos acerca de desear algo que está fuera de los límites de los principios, preceptos y mandamientos de Dios?

Por ejemplo, tal vez no te hayas casado, y no importa si eres un adolescente o un adulto soltero, tú quieres tener relaciones sexuales con tu novio o novia. Te preguntas si realmente es tan malo acostarse ahora mismo, aunque no estén casados. Empieza por pensar: "Si realmente nos amamos, no puede ser malo. Si somos dos adultos que consienten en el acto, no es malo. Si practicamos un sexo seguro y responsable, entonces no es malo". O tal vez piensas: "Me merezco tener intimidad y placer y satisfacción. Mi vida es muy dura. Me siento solo. Dios es un Dios de amor, ¿no es cierto? Él no quiere que yo sea infeliz. Tendría mayor gozo, tendría un mejor testimonio, sería un mejor testigo de él, si no me sintiera tan solo".

"Y —dices—, Dios me hizo un ser sexual. A él no le gustaría que yo negara ese aspecto de mí mismo, ¿verdad?". No estoy diciendo que niegues que eres un ser sexual; el sexo es un don de Dios. Lo que estoy sugiriendo es que demores la gratificación de ese don. *Demorar* y *negar* no son la misma cosa. Debes saber que tu amoroso Creador sabe lo que es mejor.

Tenemos la extraña habilidad de defender nuestra caída en el pecado, justificar nuestras decisiones y estilo de vida que sabemos contradicen flagrantemente los mandamientos divinos. ¿Está pasando en tu mente y corazón algo de esto?

Quizá te descubres fantaseando con ese hombre de la oficina y piensas: "Realmente él me entiende, me escucha, me mira a los ojos mientras yo hablo y no me interrumpe. Es amable y cariñoso, muy diferente a mi marido".

O tal vez tienes la oportunidad de tomar a escondidas un poco de dinero de tu trabajo, así que te dices: "No me pagan lo suficiente. Además, yo hago el trabajo de dos personas. Así que, aunque abulte mi cuenta de gastos, todavía les estoy ahorrando dinero".

¿Te das cuenta de lo que está pasando?

Estás poniendo ídolos en tu corazón, poniendo algo antes que Dios, su Palabra y sus preceptos. Recuerda nuestra definición de ídolo: *Un ídolo es cualquier cosa o persona que apresa nuestros corazones, mentes y afectos más que Dios.* Es vivir con los sustitutos, cambiando al único Dios vivo y verdadero por una falsedad, y lo hacemos todo el tiempo.

Vuelve la vista hacia ti; no culpes a Satanás. Eres tú; soy yo. Nosotros somos el mayor problema. Levanta la mano, y di: "¡Soy yo!".

Satanás usa todo el material que le damos para trabajar. Él ve perfectamente, mucho mejor que nosotros, lo que está sucediendo en nuestros corazones. Él no es omnisciente ni puede leer nuestra mente. Pero después de miles de años de practicar, es un experto en leer a las personas, en leerte a ti: lo que dices, dónde miras, tus reacciones, tu lenguaje corporal. Santiago 1:14 no dice: "Cada uno es tentado cuando es llevado y seducido por Satanás". Más bien, dice: "Sino que cada uno es tentado cuando es llevado y seducido por *su propia pasión*".

Permíteme ilustrarlo de esta manera. Un pescador con mosca experimentado no se hace de la noche a la mañana ni nace siendo así. Aprende de los veteranos; quizá toma clases o estudia en libros cómo atar moscas y cómo pescar con mosca. No importa cómo lo haga; no se detiene hasta entender perfectamente qué colores, qué textura y qué elementos funcionan mejor para atar una mosca que atraiga a las truchas marrones más grandes del río. Satanás también estudia, pero él lo hace para conocer las texturas, colores y estimulantes que funcionen mejor para atraparnos en el pecado. Él va a la escuela para estudiar a nuestros ídolos individuales. Él analiza, observa, escucha. Luego, luce el señuelo específico para ti y para mí.

Pero las estrategias de Satanás nunca funcionarían si nuestros corazones no estuvieran de antemano rebosando con ídolos. Simplemente, lanza el señuelo perfecto para los ídolos que están en nuestros corazones. Golpea el agua y luego, desde las profundidades de ese corazón, arremete la trucha del deseo, que tiene el tamaño de un trofeo y que inmediatamente se devora el señuelo. Entonces, lo único que Satanás tiene que hacer es afirmar el anzuelo y recoger la línea.

Paul Tripp explica:

La Biblia nos expone tal como somos. Nunca nos permite creer en una humanidad neutral, sin dirección o sin motivación. Se requiere de nosotros que admitamos que detrás de todo lo que hacemos o decimos, estamos persiguiendo *algo*, alguna esperanza o sueño o cosa sin el cual nos rehusamos a vivir. Son cosas que valoramos tanto, por las que estamos dispuestos a sacrificar otras cosas buenas con tal de obtenerlas. Incluso degradar nuestra humanidad para poder deificar la creación. Las mismas cosas que queremos poseer empiezan a poseernos a nosotros. Perseguimos glorias vanas y olvidamos la única gloria por la que vale la pena vivir. En su magistral descripción de la humanidad, la Biblia nos exige que hagamos una aseveración dolorosamente humillante, la única confesión que tan duramente trabajamos por evitar: aceptar *que nuestro dilema más profundo, más total, más real es que ¡el problema somos nosotros!* Si puedes aceptar esto humildemente, tu vida no volverá a ser la misma.[1]

Pero es muy difícil aceptarlo, ¿verdad? Queremos que el problema sea alguien más, y queremos que alguien más lo solucione, de tal manera que no tengamos que lidiar con él. Pero somos nosotros; nosotros somos el problema. Y sí, el problema está alimentado y movido y exacerbado por el mundo que nos rodea, y es explotado por el diablo. Pero no podemos culpar al mundo. Y no podemos decir que el diablo nos movió a hacer las cosas.

Sí, Satanás es un enemigo. Sí, necesitamos orar contra él. Sí, debemos estar en guardia contra él. Pero si vamos por la vida con la idea de que Satanás es la principal razón por la que pecamos, nunca veremos la victoria que podemos alcanzar si, en lugar de ello, pensamos: "Tengo un enemigo que es experto en tentarme, pero yo necesito luchar precisamente aquí, dentro de mi ser. Debo arrepentirme de los ídolos que están luchando en mi corazón, de tal suerte que el diablo no tendrá material con el cual trabajar".

Simplemente dicho, Satanás trabaja con el material que nosotros le damos.

NUESTROS ÍDOLOS NOS IMPIDEN VER Y EVITAR EL PECADO

¿Cuál es el resultado final de tener ídolos en el corazón? Nos hacen "caer en [la] iniquidad." Los ídolos se convierten en tropezaderos. ¿Alguna vez te has preguntado por qué simplemente caes en el pecado? Incluso hablamos de eso usando estas palabras. Cuando un pastor huye con una mujer, decimos: "Cayó". Y así es como parece que sucede porque nadie lo vio venir. Por años, lo escuchamos predicar con todo su corazón y nos imaginamos que todo estaba bien y, de pronto, aparentemente sin advertencia, cae.

Ezequiel 14:3 nos enseña que los ídolos que hay en el corazón nos hacen "caer en [la] iniquidad." Ese pastor no decidió un día: "Voy a arruinar mi matrimonio y voy a deshonrar el nombre de Cristo". Pero tenía ídolos específicos que él había estado sirviendo. Él había estado pensando: "Mi esposa no aprecia todo lo que hago… ella no me da la afirmación que necesito… en cambio, esa mujer del grupo de alabanza… cada vez que pasamos un tiempo juntos, me dice qué grande soy como pastor, qué gran padre soy". Los comentarios de esta mujer estaban alimentando el ídolo que él ya tenía: "Necesito que me animen; necesito afirmación".

¿Crees que estaba pensando: "Quiero cometer adulterio"? No, pero su ídolo estaba siendo alimentado y estaba engordando, y cuando se hizo lo suficientemente grande, él tropezó en su maldad. Los ídolos nos hacen caer en el pecado.

Deberías meditar en lo que estás pensando.

La vida es muy exigente. Cada día, hay miles de cosas que compiten por obtener nuestra atención, y en ellas es donde se consumen la mayoría de nuestros pensamientos. Pero muy rara vez nos detenemos a pensar: "¿Qué está pasando en mi corazón?".

En medio de todas las frenéticas ocupaciones de la vida cotidiana, tú estás pensando algo. Por ejemplo, puedes descubrir que estar junto a cierta persona, ya sea en el trabajo, en una junta o en la iglesia, te deja con una sensación temblorosa, como cuando estabas en la escuela, como si el viento estuviera soplando a través de ti; es un sentimiento que no habías tenido en mucho tiempo.

Un ídolo fugaz está siendo alimentado y está exigiendo más.

He descubierto que cuando tengo un pensamiento como ese, es el momento de retirarme y asegurarme de no pasar más tiempo del necesario cerca de esa persona. No me alejo de ella pensando:

"Supongo que nunca debí casarme. Esta otra mujer llena mejor mis necesidades". No, debes detenerte ante el primer indicio, ante el primer atisbo de que está surgiendo esa química. Es entonces, en ese preciso momento, que debes empezar a luchar, no seis meses después, cuando los dos ya están solos en un cuarto de hotel.

Repítetelo: "Esto está mal; esto es pecado. Yo asumí un compromiso con mi esposa. Cristo me compró con su sangre; debo dominar mis emociones y tomar decisiones que agraden a Dios". Apaga esas emociones, asfixia tus pensamientos equivocados y redirige tus pensamientos a lo que la Biblia dice que es la verdad. Mata de hambre a ese ídolo antes de que crezca y se convierta en un monstruo que te llevará más lejos en el pecado de lo que jamás podrías imaginar.

Es trágico, pero el porcentaje de matrimonios que están fracasando no es menor en la comunidad cristiana que en el resto del mundo. No es suficiente con saber que la pornografía es pecado, que el adulterio es pecado, que la fornicación es pecado. Debes saber algo más importante que solo tratar de evitar esos pecados. Debes ser consciente de los ídolos de tu corazón que te hacen más susceptible a cometer esos pecados. En eso es en lo que debes enfocarte, mucho antes de que llegues a acostarse con otra persona que no sea tu cónyuge.

La mayoría de los cristianos esperan demasiado tiempo para alarmarse. Piensan que están bien mientras no se estén desvistiendo y metiéndose en la cama, que es exactamente lo que Satanás quiere que piensen, así que siguen alimentando los ídolos que finalmente los harán tropezar en su maldad. Ellos dirán que nunca lo vieron venir, y tienen razón porque no estaban enfocados en el lugar correcto: el corazón.

En cierta ocasión, escuché que Paul Tripp comparaba el tener ídolos en nuestros corazones con poner nuestras manos enfrente de nuestras caras. Los ídolos obstruyen nuestra visión, nos enceguecen, haciendo que estemos más propensos a cometer un error y tropezar en nuestra maldad.

Los ídolos nos hacen estúpidos.

Esto me recuerda a los ciervos macho durante la temporada de apareamiento. Yo vivo en Kentucky, así que veo que este fenómeno se repite año tras año. ¿Sabes cuán estúpidos se vuelven en esa época? Y tal vez te hayas preguntado: ¿A dónde van con tanta prisa? ¿Qué es lo que persiguen? Cuando esos machos (es decir, los ciervos macho para ustedes que no son cazadores) están en celo (es decir, buscando aparearse), que aquí en Kentucky es generalmente a mediados de noviembre, perciben a distancia el olor de una hembra en celo, y cuando la encuentran, se sueltan a correr, echando todas las precauciones por la borda. Yo no soy un cazador, pero algunos hermanos de mi iglesia que sí lo son me han dicho que una hembra en celo es llamada una hembra "ardiente". Eso tiene sentido. Pero también he visto lo que una hembra ardiente puede hacerle a un ciervo macho. Un domingo, muy temprano en la mañana, iba yo manejando hacia la iglesia cuando vi a un macho con una imponente cornamenta que salía del patio de algún vecino, corriendo cuesta abajo, justo enfrente de mi auto. Él no tenía luces intermitentes encendidas, ni usó señales de giro, y hubiera destrozado mi pequeño Tercel azul si yo no hubiera aplicado con fuerza los frenos para cederle el paso. ¿Qué iba persiguiendo? ¡Una hembra ardiente!

Aquel ciervo es un animal que durante los restantes 345 días del año vive evitando con mucha precaución todo contacto humano. Pero durante esa breve temporada, se lanza al descubierto por las laderas, cruza autopistas de cuatro carriles, sin tener en cuenta a los vehículos o las personas porque en su mente hay una sola cosa: ¡perseguir hasta alcanzar a esa hembra ardiente!

Esta es una ilustración de cómo nosotros perseguimos a nuestros ídolos. Echamos la precaución por la borda, ignorando la Palabra de Dios, ignorando a nuestros seres queridos que nos preguntan: "¿Qué estás haciendo? ¿Qué estás pensando? ¿Por qué tiras todo por la borda de esa manera?". No vemos el alambre de púas, el tráfico o las alcantarillas porque estamos enfocados en una sola cosa: perseguir a ese ídolo, alimentarlo, servirlo y protegerlo.

Pero al contrario del ciervo, que se vuelve loco dos o tres semanas cada año, nosotros podemos ser siempre necios y perseguir nuestros ídolos *todo el año*. Algunas personas lo hacen durante toda su vida. Y después nos preguntamos por qué tenemos tantos problemas.

NUESTROS ÍDOLOS ANDAN EN MANADA

Tus ídolos te impiden ver y evitar el pecado. Pero ¿de cuántos ídolos estamos hablando? Veamos Ezequiel 14:4 otra vez: Dios te responderá según "la multitud de [tus] ídolos". Tus ídolos andan en manada. En *The Message* (El mensaje), Eugene Peterson lo parafrasea así: "Yo, Dios, voy a intervenir y personalmente les responderé cuando vengan arrastrando su multitud de ídolos". Qué imagen; sabemos que estamos cansados, sabemos que estamos frustrados y sabemos que nuestras vidas parecen estar hechas pedazos. Pero no vemos la multitud de ídolos que estamos arrastrando y que están quitándonos la vida.

En Ezequiel 14:5, Dios dice que quiere hablar con ellos. El pueblo quería hablarle de muchísimas cosas. Él le dice a Ezequiel que el Señor les hablará personalmente y acerca de una sola cosa: sus ídolos, "alcanzar a la casa de Israel en sus corazones". Observa de quién está hablando Dios; él quiere "alcanzar a la casa de Israel". No está hablando de los amalecitas, de los heteos o de algunos otros enemigos. Él se refiere a *su pueblo*. Si eres su hijo, no puedes descarriarte demasiado antes de que él venga a buscarte. Estas son buenas noticias, pero también pueden ser noticias aterradoras. Él dice que quiere tomar a su pueblo "por el corazón". La Nueva Versión Internacional dice: "Así cautivaré el corazón de los israelitas".

NUESTROS ÍDOLOS NOS APARTAN DE DIOS

¿Alguna vez has sentido que Dios se encuentra lejos, a miles de kilómetros de distancia, y sientes como que tus oraciones rebotan en el techo? ¿Podría ser que la razón por la que sientes eso se deba a tu propia idolatría?

Lo que necesitas ahora mismo no es un seminario espiritual que reavive tu vida cristiana. Tampoco necesitas un nuevo estudio bíblico o un compañero a quien rendirle cuentas. Tal vez lo que necesitas hacer es arrepentirte de los ídolos que hay en tu corazón con los cuales te has acostumbrado a vivir. Tus ídolos se interponen entre tú y Dios. Él dice: Yo quiero "alcanzar a la casa de Israel en sus corazones, que están apartados de Mí a causa de todos sus ídolos" (Ezequiel 14:5). Tus ídolos te apartan de Dios y él te está llamando al arrepentimiento. Hechos 3:19 dice: "Arrepiéntanse [...] a fin de que tiempos de alivio vengan de la presencia del Señor".

REFLEXIÓN Y ARREPENTIMIENTO

Tómate unos minutos ahora mismo para pensar en lo que has leído en este capítulo. ¿A qué le está apuntando Dios en tu vida? ¿Qué vino a tu mente a medida que leías? ¿Qué piensas que puede estar causando que tropieces con la maldad? Tal vez estás agotado, golpeado y abrumado. Pero el asunto principal es que has estado viviendo con una persistente fiebre de idolatría por tanto tiempo, que ya no recuerdas cómo es sentirte saludable. La respuesta no es pedir: "Oh, Señor, dame más poder".

La respuesta puede ser que debes arrepentirte. Arrepiéntete de los ídolos que has creado en tu vida.

Y cuando lo hagas, recuperarás el sentido de la presencia de Dios en tu vida. Él dice: "Acérquense a Dios, y Él se acercará a ustedes. Limpien sus manos, pecadores; y ustedes de doble ánimo, purifiquen sus corazones" (Santiago 4:8).

Cristo murió para cambiar nuestros corazones y para salvarnos de vivir con sustitutos baratos que realmente nunca nos satisfacen. Para eso es la cruz; por eso es que el evangelio es más que palabras en un libro. El evangelio es el poder de Dios para salvación (Romanos 1:16), la verdad más poderosa y transformadora sobre la tierra.

Dios nos dice: "Por tanto, arrepiéntanse y conviértanse, para que sus pecados sean borrados, a fin de que tiempos de alivio vengan de la presencia del Señor" (Hechos 3:19).

Arrepiéntete ahora mismo, diciendo la siguiente oración: "Dios, hoy lo dejo a un lado. Hoy voy a soltar. Me he estado aferrando a mis ídolos por mucho tiempo. Pero ahora me estoy alejando de ellos para regresar a ti. Dios, por favor, refréscame, avívame y dame otra vez el dulce sentido de tu presencia en mi vida".

7

SIGUE LA PISTA DE TU TIEMPO, DINERO Y AFECTOS

HEMOS ESTADO HABLANDO de ídolos, pero ahora quiero mostrarte cómo descubrirlos en tu propia vida. Es mucho más fácil ver un ídolo en la vida de otra persona, pero, ¿cómo descubres los que hay en la tuya? ¿Por dónde empiezas a buscar? Repasemos nuestra definición de idolatría: *Un ídolo es cualquier cosa o persona que apresa nuestros corazones, mentes y afectos más que Dios.*

La idolatría es vivir con sustitutos. Es cambiar al único Dios vivo y verdadero por una falsificación. Es vivir como dice Romanos 1:21-22: "Pues aunque conocían a Dios, no lo honraron como a Dios ni le dieron gracias, sino que se hicieron vanos en sus razonamientos y su necio corazón fue entenebrecido. Profesando ser sabios, se volvieron necios". Aquí en Romanos 1 se aprecian dos intercambios: cambiaron la gloria del Dios inmortal por ídolos hechos a la imagen de los hombres (v. 23) y "cambiaron la verdad de Dios por la mentira" (v. 25).

Por nuestros ídolos estamos dispuestos a cambiar la gloria del único Dios vivo y verdadero. La abandonamos. Cambiamos la gloria

111

de Dios por algo hecho a la semejanza de los hombres. La cambiamos por un hijo, un matrimonio, un trabajo, un auto. Cambiamos la gloria de Dios y cambiamos la verdad de Dios por una mentira. La esencia de la idolatría es intercambiar, y solo terminamos obteniendo falsificaciones.

La idolatría es adoración falsa, mal dirigida, mal puesta. Consideremos de nuevo la explicación de Richard Keyes:

> Al nivel más básico, los ídolos equivalen a lo que entendemos es la evidencia de Dios que existe dentro de nosotros mismos y en el mundo cuando no queremos enfrentar el rostro de Dios mismo y su majestad y santidad. En lugar de mirar al Creador y tener que lidiar con su señorío, orientamos nuestras vidas hacia la creación, donde podemos ser más o menos libres para controlar y modelar nuestras vidas en la dirección deseada. [...] Sin embargo, puesto que fuimos hechos para relacionarnos con Dios, pero no queremos enfrentarnos a él, siempre elevamos las cosas de este mundo a proporciones religiosas para llenar el vacío que ha quedado por la exclusión de Dios.[1]

No podemos estar bien si excluimos a Dios de nuestros pensamientos y prioridades. Necesitaremos de la industria del alcohol o de la industria farmacéutica o del deporte o de la industria del entretenimiento o de cualquier otra industria para sustentarnos una vez que hayamos abandonado a Dios como nuestro primer amor. ¿Por qué? Porque necesitamos algo en nuestras vidas para compensar la ausencia de Dios y la ausencia de un amor fuerte por nuestro Salvador. Y el alcohol, las drogas, el entretenimiento, los deportes nunca pueden sustituirlo. Siempre son insuficientes y nos dejan deseando algo más.

Sin importar si entras por la puerta de una iglesia o no, de todos modos estás adorando ante un altar. Tal vez tus vecinos no vayan a la iglesia, pero ellos están adorando, frente a un televisor o en el asador de carnes o en el lago más cercano. Lo que sí es seguro es que no están adorando al Dios de la Biblia.

El líder de alabanza Louie Giglio no nos ahorra golpes cuando dice:

Algunos de nosotros asistimos a la iglesia de la esquina, profesando adorar al único Dios vivo sobre todas las cosas. Otros, que muy rara vez asisten a la iglesia, dirán que la alabanza no es una parte de sus vidas porque no son "religiosos", pero todos tenemos un altar. Y cada altar tiene su trono. Así que, ¿cómo sabes tú dónde y qué adoras? Es muy fácil. Sencillamente sigue la pista y analiza en qué inviertes tu tiempo, dónde están tus afectos, tu energía, tu dinero y tu lealtad. Al final de ese camino, encontrarás un trono; y lo que sea o quién sea que esté en ese trono es lo que tiene más valor para ti. En ese trono está lo que adoras. Claro, pocos andan por la vida diciendo: "Yo adoro mis cosas. Yo adoro mi trabajo. Yo adoro mi placer. Yo la adoro a ella. Yo adoro mi cuerpo. Yo me adoro a mí mismo". Pero el rastro nunca miente. Podemos decir que valoramos esta cosa o la otra más que cualquier otra, pero el volumen de nuestras acciones habla más fuerte que nuestras palabras. A fin de cuentas, nuestra alabanza es más acerca de lo que hacemos que de lo que decimos.[2]

Si te dices cristiano, y has asistido a la iglesia por algún tiempo, probablemente has desarrollado algún estilo de teología confesional y puedes decir que eso es en lo que crees. Conoces las expresiones correctas que debes decir: "Jesús es el Señor. Vive para él, Busca primero el reino de Dios...". Sabes todo eso. Pero esta es la pregunta más básica: ¿en verdad tu teología funcional, la forma en que llevas tu vida, es igual a tu teología confesional? ¿Lo que dices creer se alinea con la forma en que vives? Ese es el momento de la verdad. La idolatría exhibe la fea desconexión que hay entre la teología confesional y la teología funcional. Encuentra a tus ídolos y encontrarás lo que realmente crees.

Entonces, ¿qué dice tu vida? ¿Qué ven los demás en ti? Si alguien te estuviera observando, poniendo micrófonos en tu casa, escuchando para descubrir qué es lo que te hace enojar, lo que te hace llorar, lo que te hace reír, siguiendo la pista de dónde inviertes tu dinero y tu tiempo, ¿a qué conclusión llegaría? ¿A dónde lo llevaría esa ruta? ¿Encontraría a Jesucristo al final del camino? O ¿la ruta lo guiaría al campo de béisbol? O ¿hacia tu computadora? ¿Lo llevaría a tu televisor o tu refrigerador? ¿Lo llevaría hacia un espejo? ¿Encontraría un pequeño altar al final del camino o quizá una fortaleza con una pared de tres metros?

Permíteme darte algunas pistas más a medida que sigues este rastro. Siempre que un deseo legítimo empieza a transformarse en una exigencia idolátrica, inevitablemente aparecerán otras cosas . Y la mayor parte del tiempo, los deseos legítimos meten a los cristianos en problemas. Para un soltero, el matrimonio es un deseo legítimo. Para una pareja sin hijos, tener descendencia es un deseo legítimo. Para una persona que se encuentra en un trabajo sin futuro, tener un mejor trabajo es un deseo legítimo. Pero ¿puede un deseo legítimo cruzar la línea y transformarse en una exigencia idolátrica?

Más vale que lo creas.

Tienes el deseo en tu mano, y lo elevas ante el Señor y le dices: "Oh, Dios, tú sabes cuántos deseos tengo de casarme. Todos mis amigos se están casando. He asistido a muchas bodas. No quiero asistir a otra boda a menos que sea la *mía*, ¿de acuerdo? No me des más regalos de dama de boda; lo que quiero es la mía propia. ¿Me entiendes, Dios?". Ten cuidado cuando empieces a hacer exigencias a Dios, diciendo: "Dios mío, tienes hasta finales de este año, o vamos a tener una conversación muy seria. Yo te estoy sirviendo; yo estoy haciendo *mi* parte. Ahora espero que *tú* me correspondas con *tu* parte. Tráeme un cónyuge, ¡y que sea rápido!".

Con el tiempo, los deseos legítimos se convierten en exigencias idólatras que darán horribles frutos en tu vida y harán que acabes

114

preguntándote: "¿Por qué estoy tan seco espiritualmente? ¿Por qué estoy teniendo tantos problemas con quienes me rodean? ¿A dónde se fue la alegría?". Te has alejado de la centralidad del evangelio en tu vida. Has dejado de sentirte maravillado por la muerte y resurrección del Señor por ti.

Observa la siguiente lista y ve si en la actualidad hay algo en tu vida, un deseo simple y legítimo, que haya pasado de serlo para convertirse en una exigencia idolátrica. Siempre que algo en tu vida da ese salto hacia la idolatría, a menudo se muestra en una o varias de las siguientes maneras:

- Te sacrificarás por ello.
- Invertirás tiempo en ello.
- Invertirás dinero en ello.
- Hablarás acerca de ello "porque de la abundancia del corazón habla la boca" (Lucas 6:45).
- Lo protegerás y defenderás.
- Lo servirás.
- Lo perfeccionarás.
- Pensarás en ello.
- Te preocuparás por ello.
- Te enojarás cuando alguien te impida llegar a ello o lo perjudique de alguna manera.
- Acomodarás tus horarios por ello.

Aun con esta lista, todavía es difícil juzgar tus deseos porque puedes decir: "Un momento, los hijos son costosos. Yo me sacrifico por los hijos; invierto dinero y tiempo en ellos. ¿Significa eso que automáticamente son mis ídolos?". No necesariamente. Pero ¿tu sacrificio es extraordinario en cuanto a su cantidad y extensión? ¿Te está impidiendo hacer otras cosas que Dios quiere que hagas?

Por ejemplo, considera el golf. Este deporte cuesta mucho dinero aunque no sea un ídolo. Si Jonathan Edwards hubiera jugado al golf, aun con la actitud de darle gloria a Dios con que estoy seguro lo hubiera jugado, de todos modos, le hubiera costado mucho dinero. Por eso puede ser bastante difícil reconocer cuando algo ha cruzado la línea de ser un deseo legítimo a ser un ídolo.

Entonces, ¿cómo saber si el golf se ha convertido en un ídolo? Debo confesarte que aun a mí me cuesta trabajo saberlo. No juego muy a menudo, así que cuando me encuentro pisando el recién cortado césped bajo un cielo azul claro, y el juego se desarrolla suavemente, y la pelota avanza otros cuarenta metros...

Ah, y dicho sea de paso, hay algo curiosamente satisfactorio en oír el sonido de un tiro bien colocado, ¿verdad? Perdón... estoy desviándome del tema.

Más de una vez en travesía por el golf me he visto tentado a dejar los palos. "Ya estuvo —me he dicho—. Para mí es idolatría. Voy a colgar esa bolsita llena de ídolos en la cochera. Adiós, golf". Y luego, un día voy a bajarlos otra vez, pensando: "Realmente estoy bien. He superado el asunto de que el golf es mi ídolo. Puedo volver a jugar". Y después de jugar un poco más, me doy cuenta de que no estoy bien, lanzo un mal tiro y me enciendo de coraje. Pero ¿cómo saber de verdad que el golf ha cruzado la línea y se ha convertido en un ídolo para mí?

Bueno, así es como puedo saberlo. El golf es malo para mí cuando me sorprendo pensando en él todo el tiempo. Sucede cuando me voy a dormir pensando en los detalles de los últimos dieciocho hoyos del último juego y repasando cada tiro. O lo es cuando comienzo a anticipar la siguiente vez que voy a ir a jugar, con días y hasta semanas de anticipación. No puedo esperar, saco mis zapatos y preparo los calcetines que voy a usar. Me pongo a jugar con las pelotas; reviso todos los bolsillos de mi bolsa de golf, asegurándome de tener suficientes *tees*, barras energéticas y agua. Es todo de suma importancia.

Y creo que el golf se está convirtiendo en un ídolo cuando voy manejando rumbo al trabajo en uno de esos preciosos días en que las flores parecen brillar más que nunca, y el cielo está tan azul y resplandeciente, y mi mente empieza a desbocarse, pensando:

"¿Cómo le hago para jugar al golf hoy?". Yo sé que tengo reuniones, yo sé que hay vidas hechas pedazos que quieren hablar conmigo, pero no me importa.

Yo solo quiero jugar al golf.

Lo único que me interesa es buscar la manera de jugar al golf hoy. Tal vez pueda reagendar o cancelar mis citas. Oh, espera, puedo jugar con un alma perdida y entonces sería un juego evangelizador. O puedo traer a mi hijo conmigo, para que sea una salida de padre e hijo, y a mi esposa le encantaría eso y —como algo extra— saco a mi hijo de la casa también. Ganamos todos.

¿Te das cuenta de lo que está pasando? Estoy consumiéndome y dejándome llevar por el golf. Pero solo el evangelio y mi Salvador deberían consumir mis pensamientos de esa manera. La obsesión con cualquier cosa o persona es alta traición a la luz de lo que Dios ha hecho por mí a través de Cristo.

Tú sabes que has cruzado la línea cuando empiezas a planear, tramar y urdir. O cuando llueve el día que habías separado para jugar al golf y descubres que estás terriblemente enojado por ello. No quieres hacer ninguna otra cosa; estás inconsolable. Ibas a ir a jugar al golf hoy, y ahora está lloviendo. El juego terminó antes de empezar.

Esto no solo se aplica al golf, por supuesto. Puedes aplicar mis pensamientos y actitudes relacionados con el golf a trabajar en tu auto, a tu empleo, a salir de compras, a ejercitarte, a tener una cita con alguien y a un número infinito de otras cosas. Entonces, ¿cuándo se convierte en idolatría para ti? Sé honesto y después sigue el rastro de dónde empleas tu tiempo, dinero y afectos. Esa ruta no miente y siempre te llevará a un altar.

8

¡CUIDADO CON EL CAOS!

Los ídolos provocan caos así como las ratas provocan enfermedades. Caos y confusión. Tienes caos en tu vida, en particular en tus relaciones, y no sabes por qué. Casi siempre, detrás del caos y la confusión está la idolatría. ¿Por qué? Porque la idolatría del corazón crea la guerra. Santiago 4:1 hace la pregunta: "¿De dónde vienen las guerras y los conflictos entre ustedes?". Santiago habla de guerra, pero no se refiere ni a la guerra civil ni a un conflicto mundial. Él habla de la guerra entre individuos, tales como entre marido y esposa, padre e hijo, vecino y vecino, jefe y empleado.

"¿De dónde vienen las guerras y los conflictos entre ustedes? ¿No vienen de las pasiones" (o deseos)? Tú quieres algo, pero tu esposa se interpone en tu camino, así que ahí tienes un problema. Quieres algo, pero tus hijos te estorban para conseguirlo. Y de pronto, estás en una guerra.

LA IDOLATRÍA CREA CONFUSIÓN CON TODOS LOS QUE TE RODEAN

Tus ídolos provocan confusión con la gente que te rodea porque eres muy pronto, ya sea a estallar con enojo o bien a retraerte mediante manipulaciones y pucheros, y nadie puede entender qué fue lo que hicieron para causarlo. Quizá *sí* hicieron algo para que te enfadaras, pero no pueden ver el cuadro completo. No pueden ver los ídolos que hay en tu corazón, ídolos que tan fácilmente controlan tu temor y descontento y se convierten en estallidos de enojo o en lágrimas. Tienes miedo de que tus deseos idólatras no se vayan a cumplir, así que reaccionas en la forma en que lo haces porque tus ídolos son lo más importante para ti. Pero debido a que no portas un letrero alrededor del cuello que dice: "¡Cuidado! Estos son mis cinco ídolos favoritos; manténgase a diez metros de distancia", quienes te rodean no saben lo que está pasando y, por eso, la idolatría provoca confusión.

LOS ÍDOLOS DESCONTROLADOS PROVOCAN TERRIBLES EXPLOSIONES

Un día de Navidad, los ídolos que había en mi corazón me llevaron a una explosión pública mientras estaba en la sala de espera de una empresa de fotografía llamada Olan Mills de Knoxville, Tennessee. Seguramente te estés preguntando: "¿Qué haría que un esposo dócil, devoto y maravilloso como yo explotara ante una criatura tan extraordinaria como mi esposa?". No dije ninguna mala palabra, ni tampoco lancé golpes, pero ¡qué escenita hice! Estaba esperando en la antesala con mis padres, hermano gemelo, hermano menor, tías, tíos, primos, así como muchos otros que ni siquiera me conocían, pero no dudo que esa gente todavía habla del evento hasta el día de hoy. Sí, estuvo horrible.

¿Qué fue lo que me hizo estallar? ¿Qué fue lo que disparó mi exabrupto? Mira lo que pasó. Mi esposa se había acercado a mí para decirme: "Querido, de regreso a la casa de tus padres ¿podríamos pasar a...?". Déjame contarte algo más. Debes entender que yo ni siquiera quería estar ahí. Era en la época en que solo me concedían cinco días de vacaciones, y en uno de ellos, en cada Navidad que visitábamos a mis padres, todos en la familia teníamos que pasarla vistiéndonos para ir a Olan Mills para que mi madre pudiera obtener la fotografía gratis de 20 x 25 cms. Ninguno de nosotros recibía nada porque no queríamos comprar el resto del paquete de oferta. Así que era medio día invertido en el asunto de la fotografía, cada Navidad, vistiéndome, alistando a mis hijos y trasladándonos todos juntos hasta ahí. Esto no justifica mi pecado, pero créeme cuando te digo que yo no quería estar ahí.

Pero había muchas más cosas detrás de eso.

¿Cuál fue la pregunta que generó el cortocircuito? Vicki preguntó: "Querido, de regreso a la casa de tus padres ¿podríamos pasar a comprar pañales?". Uy, uy, uy. Así que estallé. Y no me importó que otros me vieran. Mi voz se elevó cuando le dije: "Debiste pensar en eso antes de ahorita, ¡y deberías tener ya los pañales! *¡Ese es tu trabajo... bla, bla, bla!*". La confusión y el caos se hicieron presentes en la sala de espera de Olan Mills, y el suéter festivo que lucía yo no pudo ocultar lo que estaba lanzando sobre Vicki y todos los demás que estaban en la sala.

No tiene sentido, ¿verdad? ¿Qué fue lo que realmente me hizo explotar? ¿Qué tan grave es detenerse a comprar pañales? ¿Tenía un desequilibrio químico? ¿Era bipolar? No. Es que, yo no lo sabía en ese momento, pero algunos ídolos se habían cimentado en mi corazón, ídolos que se aferraban más y más a él a medida que mis pensamientos seguían por la misma senda pecaminosa; ¡por eso fue que me salí de mis casillas!

Esto es lo que pasaba. En ese entonces, estaba en el seminario de tiempo completo mientras vivíamos en una casa móvil tan pequeña que, si me tropezaba con una pared, ésta se caía a pedazos. Estaba estudiando hebreo y griego al mismo tiempo, y para colmo de infortunios, se le había pedido al pastor principal de la iglesia que renunciara, así que los líderes de la iglesia me pidieron que yo cumpliera con sus responsabilidades: predicar y visitar los hospitales mientras seguía atendiendo a los jóvenes y la música de alabanza, pero era solo hasta que pudiéramos encontrar un pastor sustituto.

Y por supuesto, tardamos dieciocho meses en encontrar un nuevo pastor.

Mientras tanto, yo estaba lidiando con la carga completa de materias, fungiendo como líder de jóvenes y alabanza, ayudando con la predicación y los deberes pastorales, así como con todo lo relativo a dirigir un hogar y una familia. Y además, encima de todo lo que estaba sucediendo en la iglesia y la escuela, tenía que ir a casa a cambiarle el aceite a mi Buick Skylark de 1972 que solo andaba la mitad de las veces; además tenía que llevar las cuentas de los gastos. Pero yo estaba ajeno al ídolo que se estaba alojando en mi corazón. Inconscientemente, había empezado a decirme: "Nadie tiene derecho a exigir más de mí. Punto. No puedo hacer una sola cosa más; no debería tener que hacer otra cosa. Todos deben admirarme por todo lo que hago, en especial los que están más cerca de mí".

¿Te das cuenta hacia dónde me estaba llevando todo esto? Nunca lo había verbalizado. Nunca había invitado a Vicki a una cena romántica ni le había dicho: "Querida, necesito que entiendas el punto hasta donde he llegado. Aquí es donde estamos. No puedes pedirme ninguna otra cosa". Y es que no notificamos a nadie estas cosas; no le damos a la gente una actualización. En mi propio corazón estaba el ídolo de "Yo merezco un descanso; nadie puede pedirme que haga algo más, ¡especialmente los que están más cerca de mí! Por favor, apiádense de mí. Díganme que es muy difícil lo que estoy pasando. Pregúntenme si hay algo que puedan hacer para ayudarme".

Así que por eso estallé cuando mi esposa me pidió una cosa más.

Un estallido de enojo u otra emoción extrema siempre es una alerta; es un aviso de alarma para que te des cuenta y estudies qué es lo que está pasando en tu corazón. Sigue el rastro de la lava de tu enojo hasta tu corazón y pregúntate: "¿Está todo bien en mi corazón? ¿Qué hay en él que no he notado? Algo está pasando, porque la mayor parte del tiempo expreso estas emociones fuertes cuando estoy protegiendo o perdiendo algo que he decidido que es algo que debo obtener a toda costa".

Felizmente, no recuerdo cuándo fue la última vez que estallé de esa manera con mi esposa, pero ¿dónde crees que estoy más propenso a estallar ahora? Como pista, te digo que soy padre de cinco hijos (tres de ellos adolescentes). Cuando hay alguna pelea o mala actitud, cuando los demás están fallando en cumplir con sus responsabilidades, cuando no nos vemos como la familia feliz, maravillosa y bien llevada que deberíamos ser, me enciendo. Me enojo porque me digo a mí mismo: "Estoy harto de que se peleen; ¿por qué no pueden llevarse bien? Yo no tendría por qué lidiar con esto; tienen tan mala actitud, y esta no es la forma en que yo les enseñé a comportarse". Y ahí es donde el pastor papá interviene y trae la paz, estallando y repartiendo represiones bíblicas sobre cualquiera que lo necesite y, algunas veces, también sobre quienes no lo necesitan. Termino reprendiendo a todos los que están en el auto, la casa, el patio, donde sea. Y para cuando termino, la pelea de los chicos ha terminado, y todos me están mirando como si fuera un monstruo de dos cabezas mientras piensan: "Qué susto. Mírenlo cómo se pone. ¿No te fastidia cuando se pone así?". Esto va seguido por un silencio sepulcral en el auto o la casa o donde quiera que se repita esta lamentable escena. Entonces, ¿qué está pasando?

Es el ídolo que tengo de "No debería tener que insistir tanto sobre lo mismo. No debería tener que reentrenar, recordar o volver a decir las cosas. No debería tener que airear los problemas. Solo hagan lo que tienen que hacer, lo que los he entrenado para hacer, siempre, todo el tiempo, sin excepción. Les he estado repitiendo esto desde que eran fetos en la matriz de su madre. Oye, guarda tus zapatos; pon las llaves en su lugar. No tendría por qué seguir diciéndoles esto, y el hecho de que tengo que dejar lo que estoy haciendo en ese momento y volver a repetirlo me enoja muchísimo".

Y enseguida, Dios me dice: "Hola, ¿todavía tengo que seguir diciéndote las cosas que te he estado diciendo desde que aspiraste tu primera bocanada de aire en tus pulmones?".

LA IDOLATRÍA ACECHA DETRÁS DE LA CONFUSIÓN Y EL CAOS QUE HAY EN NUESTRAS RELACIONES

¿Qué es lo que estoy pensando cuando espero que mis hijos hagan estas cosas? ¿Qué me estoy diciendo a mí mismo? ¿Puedes ver la idolatría que está acechando detrás de estos estallidos? No me mal entiendas: los hijos necesitan cambiar y crecer; ellos necesitan guardar sus zapatos y poner las llaves en su lugar. Pero lo que es más importante, hay un ídolo en mi corazón que debe morir.

Es posible que Dios tenga una agenda más grande en operación, una que incluye asegurarse que los zapatos no se guarden y las llaves no estén en su lugar, hasta que muera el ídolo que está en mi corazón.

Mis hijos podrían decirme: "Padre, la idolatría que hay en tu corazón es la que nos estorba. Podríamos ser más obedientes si tú te arrepintieras. Dios es el que no permite que hagamos estas cosas correcta y consistentemente, papá". Esto me fastidiaría muchísimo, pero probablemente hay un atisbo de verdad en ello. A menudo, Dios probablemente nos ve en la tierra y piensa: "A mí no me importa si los zapatos están en la puerta de entrada o en su lugar. En este momento, tu horrible corazón es más importante para mí".

Así que, el primer lugar, síguele el rastro a tu tiempo, tu dinero y tus afectos. En segundo lugar, encuentra el caos. En tercer lugar, hazte algunas preguntas de diagnóstico para el corazón.

HAZTE LAS SIGUIENTES PREGUNTAS IMPORTANTES

Las tres preguntas que encontramos previamente en el capítulo 2 pueden ayudarte a detectar si hay un ídolo en tu corazón:

1. ¿Estoy dispuesto a pecar con tal de obtenerlo?
2. ¿Estoy dispuesto a pecar si creo que voy a perderlo?
3. ¿Acudo a ello buscando refugio en lugar de acercarme a Dios?

¿Estás dispuesto a pecar con tal de obtenerlo?

¿Estás dispuesto a trabajar setenta u ochenta horas a la semana para ser el empleado del mes y ganar la atención del jefe, a pesar de que tu familia está sufriendo, tu vida espiritual se está apagando y has perdido toda idea del ministerio en tu trabajo?

¿Estás dispuesto a pecar si crees que vas a perderlo?

Por ejemplo, la buena salud es algo bueno, y es algo con lo que siempre empezamos todos. Pero a medida que maduramos, empezamos a perderla. ¿Estás dispuesto a pasar una gran parte de tu tiempo en el gimnasio y gastar dinero que no tienes en suplementos para la salud? O ¿ves un anuncio y piensas: "Si uso *esto*, mi piel se verá más joven; se irán las manchas oscuras?". O tal vez padezcas de alguna enfermedad o malestar. ¿Qué tanto harías por aliviarlo? No me mal entiendas. No es pecado buscar la ayuda de médicos y buscar tratamientos. Pero ¿cruzarías una línea de tal manera que solo vivieras para obtener una cura?

¿Acudes a ello buscando refugio en lugar de acercarte a Dios?

En diciembre del 2002, empecé a perder la audición de mi oído derecho, y en la actualidad se ha extendido a mi oído izquierdo también. He acudido a doctores, especialistas y audiólogos. Finalmente, un especialista de Cincinnati diagnosticó mi padecimiento como trompa de Eustaquio patulosa, que realmente no tiene cura. Así que hice lo que haría la mayoría de la gente: me sumergí en Internet y busqué de arriba abajo intentando encontrar el tratamiento más adecuado. Pero el descubrimiento de mi vida no fue un elíxir maravilloso o alguna cura mágica de Internet. Fue la oración que escribí una mañana en mi diario de oración. Escribí lo siguiente:

"Dios mío, te entrego mi audición. Si tienes un mejor plan, si hay algún modo en que pueda darte más gloria por no escuchar, entonces es tu decisión. Confío en ti". Y cómo he llorado. He orado; he ayunado. Y todavía batallo con el temor y la depresión debido a todo esto. Pero esa primera oración me introdujo a un lugar de paz que nunca pude hallar en Internet.

Tal vez tu lucha no tiene que ver con la audición, pero tal vez estés siendo fuertemente atenazado por algo más, algo que necesitas entregar a Dios y decir: "Señor, tú decides". Pregúntate: "¿Estoy dispuesto a pecar con tal de lograrlo? ¿Estoy dispuesto a pecar si pienso que lo voy a perder? Y ¿corro a esto buscando refugio?".

MANTÉN TU MIRADA EN LA CRUZ

Entonces, ¿cuál es la respuesta a nuestra idolatría? La cruz de Cristo. El Señor murió en la cruz para librarnos de vivir con sustitutos, para librarnos de un corazón lleno de ídolos. Así que, ¡celebra lo que Cristo hizo por ti! Y recuerda, como dijo Ed Welch, "La senda del cambio pasa a través del corazón y continúa hacia el evangelio, donde Dios se nos revela más completamente a través de su Hijo en la muerte y resurrección de Jesucristo".[1] Queremos continuar hacia el evangelio. El evangelio es nuestra única esperanza si es que queremos dejar de desperdiciar nuestras vidas persiguiendo falsificaciones. No solo le digas que no a los ídolos; dile que sí a todo lo que Cristo es para ti en el evangelio. Predícate el evangelio a ti mismo cada día. Medita en él continuamente. Elévalo hasta la luz de la gloria de Dios, y como una gema de gran precio, deja que destelle rayos poderosos de color que te den vida e iluminen tu oscuro corazón poblado de ídolos.

9

¡QUE NO SE TE OCURRA SEGUIR LOS DICTADOS DE TU CORAZÓN!

LA RAÍZ DE la idolatría es la falta de confianza en Dios. He aquí la disyuntiva: ¿vas a adorar a Dios, a seguirlo y a confiar en él? ¿O vas a aferrarte a tus ídolos y construir tu mundo alrededor de ellos? Acudimos a otros lugares aparte de Dios; nos aferramos a otras cosas y personas y circunstancias para obtener seguridad. Y no solo son los incrédulos los que no confían en Dios; a menudo, los creyentes tampoco lo hacen.

Nuestra confianza se desvanece muy fácil y rápidamente. Debe ser continuamente renovada y puesta en el lugar correcto. La confianza se pierde. Y nunca se dirige hacia Dios; siempre se aleja de él y se dirige hacia nuestros ídolos. Tu falta de confianza en Dios no solo afecta tu relación con el Señor; también afecta la forma en que reaccionas ante tu esposa e hijos, cómo respondes a un problema de salud y cómo reaccionas ante una crisis financiera.

Lo que quieres, lo que piensas y lo que te dices a ti mismo *dentro de tu corazón* marca la diferencia. Recuerda que *un ídolo es cualquier cosa o persona que apresa nuestros corazones, mentes y afectos más que Dios.*

ENTONCES, ¿DE QUÉ HABLAMOS REALMENTE CUANDO HABLAMOS DEL CORAZÓN?

Si queremos llegar a entender este deseo que nos lleva a pecar, entonces necesitamos analizar el corazón. Pero a medida que uso la palabra "corazón", debes retirar de tu mente cualquier otra definición previa que tengas acerca de lo que significa el *corazón*. En nuestra cultura, en la televisión y las películas, en la música y en los autores populares, el corazón es presentado como un refugio seguro, un lugar confiable.

Piénsalo. En casi todas las películas hechas por Hallmark para la televisión, en la escena culminante, se le pregunta al personaje principal, ya sea en una sala de estar o en una granja, recostado sobre una verja de madera: "¿Qué te dice tu corazón?". Ya sea que una hija esté decidiendo salir con un muchacho o no, ya sea resolver si aceptar un gran trabajo en Nueva York, dejando atrás todo lo que conoce, etcétera, ¿qué es lo que le dice la madre o su mejor amiga?

"Escucha a tu corazón".

¡Ah! Pero eso está equivocado, absolutamente equivocado. Hollywood tiene la noción equivocada y da el peor consejo posible, pero suena grandioso, ¿verdad? Es que apela a nuestra carne. Agrada a nuestro razonamiento humano. Y Hollywood no es el único que promueve esta propaganda de "confía en tu corazón". Enciende la radio y recibirás una dosis permanente de esa mentira porque mucha de nuestra música está envuelta en ese mismo tema.

Pero la Biblia nos enseña que nuestros corazones nos llevarán a un complicado sistema de pecados y nos alejarán de Dios. No le hagas caso a tu corazón. Escucha la Palabra de Dios porque, como dice Jeremías: "Más engañoso que todo es el corazón, y sin remedio" (Jeremías 17:9).

Guíalo, protégelo, pero por favor, no lo sigas

El mundo continúa dirigiéndonos hacia el corazón, y también lo hace la Biblia. Pero he aquí la diferencia: la Biblia nos dirige hacia el corazón con una misión muy distinta a la que el mundo tiene en mente. La Biblia nos dice que llevemos nuestros corazones hacia los caminos de Dios. Ve hasta tu corazón, analízalo y dirígelo, pero que ni se te ocurra obedecerlo. Ve hacia él para gobernarlo. No vayas a él para escucharlo; ve hasta allí hablando la verdad de la Palabra de Dios.

Jeremías 17:9 afirma: "Más engañoso que todo es el corazón, y sin remedio; ¿quién lo comprenderá?". Si esa es la condición de tu corazón, entonces, ¿qué puedes hacer con él? ¿Seguirlo? ¿Escucharlo? No lo creo. El libro de Proverbios hace una lista de tres cosas que se supone debemos hacer con nuestros corazones: *guiarlos, protegerlos, pero no seguir sus dictados.*

Ve lo que dice Proverbios 23:19: "Escucha, hijo mío, y sé sabio, y dirige tu corazón el buen camino". Enderézalo; guíalo. El mundo hará que creas que el corazón es algo sobre lo cual no tienes control. Pero Dios dice que lo endereces.

Proverbios 4:23 nos advierte diciendo: "Con toda diligencia guarda tu corazón, porque de él brotan los manantiales de la vida" y dirige tu vida. Tú vas por donde dicta tu corazón, así que protégelo, toma el control sobre él, dirígelo. Descubre lo que dice la Palabra de Dios, y aunque te guste o no, aunque no te parezca que es lo correcto, toma tu corazón y dirígelo en la dirección que dice la Palabra de Dios. Dile: "Corazón, escúchame. Vamos a seguir los caminos de Dios. No te voy a volver a escuchar. Ya no te voy a seguir. Yo te voy a dirigir. Y si tengo que hacerlo, te voy a arrastrar en dirección a la Palabra de Dios, aunque patees y grites".

Proverbios 28:26 afirma: "El que confía en su propio corazón es…" ¿una estrella de televisión famosa? No. "El que confía en su propio corazón es un *necio*, pero el que anda con sabiduría será librado". Guíalo, protégelo y no confíes en él ni lo obedezcas. Entiende que tu corazón no es tu mejor amigo. Jesucristo, que nos habla a través de su Palabra, es nuestro mejor amigo.

Es más, la Biblia nos dice que mantengamos una sana desconfianza hacia nuestros corazones a la vez que mantenemos un respeto poderoso y una alta estima por la Palabra de Dios, así como una sumisión firme a la Palabra divina. Pregúntate: "¿Qué debo hacer en esta situación? ¿Cómo puedo resolver esto? ¿Qué dice la Palabra de Dios?". No hagas caso a tu corazón. Tu corazón te va a decir: "¡Huye! Esto no es divertido; es demasiado difícil". O bien, te dirá: "Lánzate a obtenerlo. Esto es lo que quieres. Esto te hará feliz". Así es como estamos en nuestra cultura hoy en día. Obedecen a sus corazones y están provocando un gran caos. Escuchar a nuestros corazones nos llevará de una relación a otra y de un trabajo al siguiente y de un desastre al siguiente sin que haya un final a la vista. Guía a tu corazón, protégelo, pero no te atrevas a seguir sus dictados.

TU CORAZÓN ES EL CENTRO DE MANDO

Pero ¿por qué es el corazón tal desastre y tan dado a los ídolos? Quisiera darte dos razones por las que tu corazón es tan susceptible a los ídolos. Trataremos una de ellas en este capítulo y la otra en el capítulo 10. La primera razón por la que eres tan susceptible a los ídolos es que *tu corazón es el centro de mando y de decisiones para todo lo que haces y todo aquello en lo que te convertirás*. Mira el diagrama "¿Cómo procesamos la vida?" más adelante en la página 140, y permíteme explicarte cómo funciona todo esto.

Estímulos: no puedes evitar que la vida siga su curso a tu alrededor

Vamos a empezar con los estímulos y seguiremos dando la vuelta alrededor del círculo. Las cosas suceden. No puedes evitar que la vida suceda a tu alrededor, y Dios no nos llama a vivir en una burbuja o en un convento cristiano. Nos guste o no, la vida sigue su curso sin parar. La gente nos lastima; los mejores amigos nos abandonan; la salud nos falla; los prometidos sacan alas y vuelan lejos de nosotros; los empleos se evaporan. Las cosas suceden de manera implacable.

Pensamientos: tu corazón siempre está tratando de que las cosas tengan sentido

Entonces, ¿qué hacemos? El siguiente paso en el círculo es el pensamiento; tu corazón nunca deja de pensar; siempre está tratando de que la vida tenga sentido a medida que pasa. Debido a que fuimos creados a la imagen de Dios, somos intérpretes. No somos perros o pavorreales u osos hormigueros. Las cosas suceden y los animales simplemente se revuelcan en la tierra, se dan la vuelta, se rascan y bostezan. Ellos solo comen, defecan, duermen y se aparean. Pero los seres humanos fuimos creados a la imagen de Dios, así que no estamos satisfechos solo con comer, dormir y reproducirnos. Queremos saber por qué suceden las cosas en la forma en que lo hacen, por qué estamos aquí y de qué se trata esa cosa llamada *vida*. Nuestros corazones siempre están tratando de encontrarle algún sentido a todo esto.

Es por eso que algunas de las cosas que dicen los niños son tan hilarantes. A menudo, las cosas que dicen son divertidas porque han llegado a la conclusión errónea, lo cual demuestra que sus pequeños cerebros han estado procesando lo que sucede a su alrededor y tratando de encontrarle sentido a todo ello. Después de que murió mi abuelo, mi abuela se mudó a la casa de mis padres. Poco después, cuando mi hija mayor, Lauren, tenía tres años, fuimos a pasar las fiestas con ellos. Todos nos sentamos a la mesa para disfrutar y compartir una gran cena con mucha algarabía y conversación. Lauren estaba sentada quietecita observándolo todo. Aunque nadie le estaba hablando a ella directamente, ella estaba escuchando todo lo que se discutía. En un momento dado, le dijimos a la abuela que era muy triste que el abuelo no estuviera con nosotros. En otro momento, comentamos que ella no tenía un auto, pero nadie le dio importancia porque, de todos modos, nunca había tenido uno.

El abuelo siempre había sido el encargado de manejar el auto. También mencionamos que nos daba paz y alegría que el abuelo estuviera en el cielo. Más tarde, mientras metía a Lauren en la cama para arroparla y darle su beso de buenas noches, me dijo: "Debemos orar por la abuela porque el abuelo se murió y se llevó el auto con él al cielo".

Su pequeña mente y corazón estaban tratando de conectar los puntos y hacer que tuviera sentido todo lo que había escuchado. Ella juntó las piezas de tal manera que tenían sentido para una niña de tres años. Nosotros no somos diferentes. Constantemente estamos tratando de unir las piezas como en un rompecabezas. No estamos satisfechos con dejarlas caer sobre la mesa y dejarlas ahí. Queremos que tengan sentido; queremos saber cómo se ve el rompecabezas una vez que está terminado.

El problema es que, como mi hija, no siempre llegamos a las conclusiones correctas. Observa que en el diagrama dibujé un corazón alrededor de *pensamiento*. Eso es lo que la Biblia enseña. Cuando la Biblia habla del *corazón*, habla del pensamiento, los deseos, la voluntad, las motivaciones, de quién eres realmente, lo que deseas y lo que te dices a ti mismo.

Ya sea que seamos conscientes o no, continuamente nos estamos hablando a nosotros mismos, analizando, evaluando y pensando durante todo el día a una impresionante velocidad. Nos decimos: "Esto no es justo. Esto no tiene sentido. ¿Dónde está Dios en este momento?". O: "Merezco algo mejor que esto. Esto no debería estar pasando". O: "No puedo soportar esto". Hablamos con nosotros mismos constantemente, y eso es a lo que se refiere la Biblia cuando habla del corazón.

Nuestros pensamientos son el centro de control del que habla la Biblia, la cual usa las palabras "corazón" y "mente" indistintamente. Lo mismo sucede en el Antiguo Testamento. Cuando la Biblia habla de nuestras emociones, las coloca en nuestras entrañas, los intestinos, los riñones, los órganos de la digestión. En nuestra cultura, hablamos del corazón en el día de San Valentín. Ellos habrían hablado de los riñones. Un israelita romántico habría enviado a su amada una tarjeta de San Valentín con estas palabras: "Querida, mi hígado haces temblar ¡y no puedo parar!". Ellos ponían las emociones en los órganos digestivos porque ahí es donde las sentimos. Solo que no estamos acostumbrados a pensar que nuestras emociones están en nuestras entrañas. No decimos: "¡Vaya! ¡Tú haces que se mueva mi intestino grueso!". Por supuesto que no pensamos ni hablamos de esa manera. Pero si lo pensamos bien, poner el asiento de las emociones en las entrañas es mucho más acertado que en el corazón. ¿Dónde las sientes cuando está nervioso por el examen que estás a punto de presentar o por una carrera que estás a punto de correr o por una junta que está a punto de empezar? En tus entrañas. En la boca del estómago.

Pero la Biblia pone el pensamiento en el corazón. Proverbios 23:7 dice: "Pues como piensa dentro de sí, así es él". Ya vimos Proverbios 4:23, que dice: "Con toda diligencia guarda tu corazón, porque de él brotan los manantiales de la vida", porque determina el curso de tu vida. Es lo que piensas, lo que deseas. ¿Alguna vez has notado con cuánta frecuencia la Biblia habla de hablar contigo mismo y con tu corazón? Tu corazón es el lugar donde se llevan a cabo el pensamiento, los procesos y las evaluaciones. Salmos 15:1-2 dice: "Señor, ¿quién habitará en Tu tabernáculo? ¿Quién morará en Tu santo monte? El que anda en integridad y obra justicia, y habla verdad en su corazón". Y según Abdías 1:3: "La soberbia de tu corazón te ha engañado, tú […] que dices en tu corazón: '¿Quién me derribará a tierra?'".

Los pensamientos que nos decimos a nosotros mismos los decimos en nuestros corazones. El corazón es el lugar donde pensamos, hablamos, elegimos e interpretamos todo aquello que la vida nos lanza. Hacemos lo que hacemos porque queremos lo que queremos, y queremos lo que queremos porque pensamos lo que pensamos. Nuestras acciones proceden de lo que estamos alimentando a nuestros corazones. Así que el corazón es el centro de control.

Y eso significa que cuando pecamos, no es por casualidad. Puede parecernos que es un azar porque no podemos ver el corazón, pero no existe tal cosa como pecado al azar. Tampoco existen los actos de violencia al azar. Tampoco hay explosiones de ira al azar ni huidas de temor al azar ni torrentes de lágrimas al azar. Nada es al azar. Tú ya estabas pensando en algo dentro de tu corazón mucho antes de sentir algo y actuar conforme a ello.

Emociones: tus sentimientos se alimentan de sus pensamientos

No puedes evitar que las cosas sucedan a tu alrededor, y tu corazón siempre está tratando de encontrar el sentido de las cosas e, inevitablemente, esto nos lleva al tercer paso: tus sentimientos se alimentan de tus pensamientos. Basado en lo que has estado pensando, empiezas a sentir temor, ansiedad, preocupación, depresión, envidia o enojo. El pensamiento es el combustible de las emociones. Estas dos cosas no están desconectadas; nuestros sentimientos fluyen a partir de nuestros pensamientos.

Yo sé que hay ocasiones en que las personas están deprimidas y sienten como que una nube negra sobrevuela su vida como resultado de algo físico y orgánico. Pero eso no es lo que tengo en mente aquí. En varias instancias, la Biblia habla de ello como en Salmos 77 y 88; es lo que los puritanos llamaban "la oscura noche del alma", en la cual la gente piadosa atraviesa por un largo y terrible sentido de oscuridad. Son personas que aman a Dios y se aferran a su Palabra, diciendo: "Escudríñame, oh Dios, y conoce mi corazón; pruébame y conoce mis inquietudes. Y ve si hay en mí camino malo" (Salmos 139:23-24). Dios tiene el control y, por alguna razón, permite que ellos pasen por un tiempo de oscuridad. Me ha tocado ver a gente muy piadosa y madura pasar por cosas así. Así que no hagas a un lado este libro y critiques a alguien que conoces que está tomando alguna droga psicotrópica y le digas: "¡Ya madura! ¡Crece en Cristo! Lee su Palabra y deja de tomar esas cosas".

Estoy generalizando, porque nuestra cultura casi siempre recurre a los medicamentos inmediatamente, como su primera opción, en lugar de decir: "Un momento… ¿qué otra cosa está pasando dentro de mí?". Mucha gente podría recibir más ayuda si se le preguntaran cosas del corazón, porque el peligro de tomar las píldoras inmediatamente es que tal vez sientan una mejoría y digan: "Ya estoy bien. No necesito consejería bíblica ni introspección bíblica para resolver esto". Eso es lo que queremos evitar porque en muchos casos no hemos llegado al corazón del problema.

Scotty Smith lo dice de esta manera:

Uno de los métodos más efectivos para identificar cierta clase de ídolos es poner atención cuidadosa a las emociones que crecen a proporciones casi neuróticas. Ya sea que se manifiesten como estallidos espontáneos o patrones de vida crónicos, estas emociones exageradas pueden proveer una visión sin obstáculos hacia la catedral de nuestra adoración a los ídolos. Las preguntas principales que debemos hacernos a la luz de esos sentimientos tan intensos son: "¿Qué creo que debo tener en la vida aparte de Jesús y lo que él elige darme? ¿Algo o alguien se ha hecho demasiado importante para mí…?". Cuando la ira se sale de control, pregúntate: "¿Qué me está impidiendo obtener lo que creo es una necesidad pero que no lo es en realidad? ¿El matrimonio, los hijos, el éxito, un título, un negocio jugoso?". Si el temor amenaza apoderarse de ti, pregúntate: "¿Qué está siendo amenazado que creo que es esencial, pero en realidad no lo es? ¿Mis inversiones, mi vida, mi apariencia física, mi reputación?". Si el abatimiento te consume, considera: "¿Qué he perdido que creo es crítico tener pero que en realidad no lo es? ¿Una buena posición en el equipo de futbol, la aprobación de mi esposa, mis padres, la capacidad de lanzar una pelota de golf a cien metros, mi cara libre de arrugas?"[1]

Las emociones nos dan la ocasión de investigar detrás de ellas para encontrar lo que sucede en nuestros corazones. ¿Qué fue lo que produjo ese nivel de emoción? Las emociones son indicadores del corazón que nos alertan que hay un problema. Piensa en las emociones como tu sentido del olfato espiritual; cuántas veces habrás dicho: "¿Hueles eso? ¿Se está quemando algo?". Nuestro sentido del olfato nos alerta que hay un problema. Y de la misma manera, nuestras emociones nos alertan que hay un problema en nuestros corazones.

Me encanta comer atún. Solía comerlo todo el tiempo, directo de la lata, sin mayonesa ni pepinillos, el atún solo. Abro la lata, dreno el jugo en el fregadero y me lo como. Por su parte, mi esposa odia el atún, en especial su olor. Así que después de que he drenado mi atún, ella quiere que el fregadero quede lavado y cepillado. Ni siquiera quiere que ponga la lata en la basura de la cocina. Tengo que llevarla lejos, lejos. Así que un día, mi esposa me llamó a la iglesia y me dijo: "Querido, ¿tiraste una lata vacía de atún en la basura de la cocina, o salpicaste algo del jugo del atún? Nos estamos muriendo; te digo que la casa apesta como si hubiera un pescado muerto o algo podrido".

Y puesto que en esa época nuestros hijos estaban siendo educados en casa, me dijo que ellos ni podían concentrarse en sus estudios. No podían pensar debido al mal olor. Yo le dije: "No, no he comido atún y ciertamente no salpiqué nada".

Así que limpió la nevera, pero no pudo encontrar el origen del mal olor. Movió el refrigerador para ver si se había caído algo debajo, pero no pudo encontrar nada.

No podíamos imaginarnos de dónde venía el olor.

Recientemente, yo había puesto veneno para las hormigas carpinteras, y me preguntaba si habrían marchado dentro de la casa y se habrían muerto dentro de las paredes, pero después pensé: "Las hormigas muertas no apestan". Luego pensé que tal vez una ardilla u otro animal se había comido el veneno, se había metido en la casa y había muerto. Pero lo raro era que el olor iba y venía; de pronto estaba ahí, y después ya no estaba. Yo volvía a casa a las cinco de la tarde y decía: "No huelo nada". Pero mi familia aseguraba que había estado ahí antes.

Luego, un día, el olor comenzó mientras yo estaba en casa y alguien gritó: "¡Aquí está! Párate aquí en la cocina. ¿Lo hueles?". Y sí me llegó la pestilencia, pero no pude encontrar de dónde venía.

Alguien nos había dicho que tal vez era el moho del ático, así que me puse mi equipo y me preparé para hacer el que tal vez sea el trabajo más difícil del mundo: arrastrarte por el ático. No es posible caminar erguido en un ático como el nuestro; solo puedes arrastrarte sobre las viguetas cuidando de no atravesar el techo con el pie. Yo ardía, reptando entre el aislamiento térmico con un palo de escoba, una bolsa y una lámpara, para que, si encontraba algo muerto, pudiera ponerlo en ella. Pero no encontré nada; nada de moho, ningún animal muerto.

Y de pronto, sucedió. Pocos días después, estaba parado en una escalera para cambiar la bombilla de la lámpara que pendía del techo de la cocina, y la cubierta estaba tan caliente que se podía freír un huevo sobre ella. Finalmente, quité la cubierta y empecé a desenroscar la bombilla quemada, pero estaba tan caliente que ni siquiera podía tocarla. Eché un buen vistazo a la luz. Lo que antes había sido blanco ahora estaba empañado; se había tornado café amarillento. Y ahí parado, me di cuenta de que había puesto una bombilla de setenta vatios en una entrada que requería una bombilla de cuarenta vatios. Las instrucciones decían que se podían usar bombillas de cuarenta vatios como máximo, pero yo lo interpreté como una sugerencia. A mí me gustan los espacios bien iluminados. Así que unas semanas antes, había cambiado las bombillas de bajo vataje por las de setenta vatios, y a todos nos encantó como se veía todo tan iluminado y mucho mejor. Estaba tan iluminada la cocina que se habría podido hacer aterrizar aviones con toda esa luz.

Pero el peligro y los problemas se habían estado acumulando. La moldura de plástico que estaba en la base de las tres bombillas se estaba derritiendo. Y el horrible olor que no pudimos descubrir por tanto tiempo era el olor del plástico y las partes eléctricas derritiéndose. Habíamos estado en riesgo y todo había sido por mi culpa. Habíamos estado culpando a las hormigas, al moho y a roedores muertos por la pestilencia del plástico y las partes eléctricas derretidos cuando yo había sido el causante del estropicio. Yo era el origen del problema.

Y eso es exactamente lo que sucede en nuestros corazones. Las emociones nos señalan que algo está mal, y empezamos a buscar por todas partes, culpando a otros, culpando a las circunstancias, pero en realidad somos nosotros. La dificultad es que, cuando estamos sirviendo a nuestros ídolos, ellos nos complacen hasta cierto punto, y así la vida parece más brillante. Pero no reconocemos que el olor de la muerte, las llamas que rodean a nuestras vidas, indican que algo está mal. Hay problemas, pero nosotros no nos damos cuenta de que son nuestros ídolos. Nuestros ídolos son la raíz del problema.

Acciones: rara vez son imprevistas

No podemos impedir que la vida siga sucediendo a nuestro alrededor. Nuestros corazones continuamente tratan de encontrarle sentido a todo ello; nuestras emociones se alimentan de nuestros pensamientos, y después actúan. Esto significa que nuestras acciones raras vez son imprevistas. El mundo está presto para darnos alguna explicación extraña: esquizofrenia, desorden bipolar, desorden de personalidad múltiple, etcétera. Pero nuestras acciones rara vez son imprevistas. Si supieras lo que está sucediendo en tu corazón y cómo has estado interpretando la vida, tendría perfecto sentido para ti por qué haces lo que haces. Repito: tus acciones rara vez son imprevistas. Las acciones fluyen directamente de lo que has estado pensando y sintiendo.

Carácter: moldeado por los patrones de tu corazón

Si sigues pensando, sintiendo y actuando (PSA) en la misma dirección, tu carácter acabará por tomar la forma de los patrones dominantes que hay en tu corazón.

Esto es lo que quiero decir. Todos nos hemos enojado en algún momento de nuestras vidas. Pero probablemente conoces a alguien a quien puedes describir como "un hombre enojado" o "una mujer iracunda". Esa persona ha estado enojada tanto tiempo, y ha tenido las mismas reacciones tan seguido, que se transforma en lo que piensa, lo que siente y lo que hace. Así que cuando surge alguna circunstancia, solo se necesita un pequeño pretexto para hacer que caiga en su patrón habitual de pensar, sentir y actuar y entonces, ¡bum! Explota. Ese patrón de comportamiento iracundo está presente y la persona puede decir: "Es que así soy. No puedo evitarlo".

Y así le parece a él porque su reacción es inmediata; se ha enraizado en su misma naturaleza. Se ha convertido en un hábito que está fundado en su carácter. Pero para el cristiano, esto nunca, nunca es verdad. El lugar donde atacar y empezar a trabajar es en el principio. Pregúntate cómo has estado procesando la vida. ¿Cómo has estado interpretando las cosas? ¿Qué es lo que deseas? ¿Qué estás pensando? ¿Qué estás exigiendo? ¿Qué estás adorando? ¿A qué te estás aferrando que no sea Dios?

Tú no eres tu ira. Pero es en lo que te conviertes cuando vuelves a andar sobre la misma ruta gastada, en la misma dirección. Viene desde el fondo de tu corazón hacia tus acciones y actitudes, a tal punto que se ha convertido en una característica personal.

Si hay alguna cosa distinta a Dios y su precioso evangelio que se convierte en tu visión, si cualquier otra cosa empieza a regir el panorama de tu corazón, sabrás que estás en dificultades. Estarás

¿Cómo procesamos la vida?

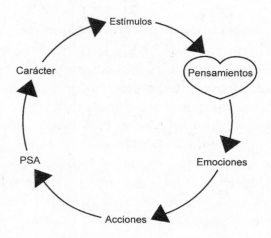

Presiones sobre el corazón[2]

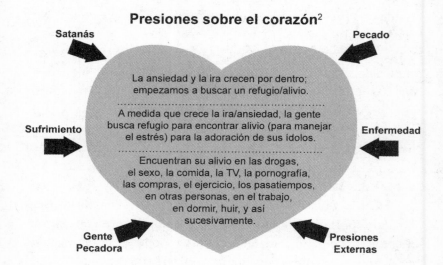

frustrado. Vivirás temeroso. Y te preguntarás: "¿Por qué Dios no me ayuda a obtener lo que necesito? Estoy ansioso; no me siento seguro. Necesito que Dios me provea de esto". Pero él va a bloquearte y te va a frustrar si tu visión es algo distinto a Dios, si algo distinto a Dios ha tomado la preeminencia en tu corazón. Ahí es donde debes buscar. Ese es el lugar para comenzar. Utiliza la oración final de la página 143 para pedirle a Dios que te ayude.

UN EJEMPLO DE A DÓNDE LLEGARÁS SI SIGUES LOS DICTADOS DE TU CORAZÓN

¿Ataque de pánico o venganza de pánico?

Permíteme darte un ejemplo de la forma en que tu manera de pensar puede alimentar y producir emociones hasta el punto de empezar a ser dirigido en forma pecaminosa por ellas. Nuestro mundo llama *ataque de pánico* a cualquier miedo repentino, debilitante y paralizante. Cuando yo era niño, no se escuchaba ese término; solo se refería a ello diciendo: "Está muerto de miedo". Ahora tenemos una nueva etiqueta que lo hace sonar como algo que nadie ha tenido que manejar antes, y pensamos: "Bueno, la Palabra de Dios no menciona nada acerca de los ataques de pánico". Y esa es una parte del problema que hay en reetiquetarlo todo. Decimos: "Está bien, es un ataque de pánico", como si, de la nada, algo extraño hubiera recién brincado sobre ti sin que tú tuvieras nada que ver con ello.

Te voy a dar un término mejor que el de "ataque de pánico": revancha de pánico o cheque de pánico: la culminación de todo lo que has estado pensando y anhelando y deseando y temiendo en tu corazón mucho antes que te llegue el pánico. No estoy diciendo que no se siente como un ataque. Yo sé que sí, porque sobreviene repentinamente y con tan sorprendente fuerza, porque no eres consciente de lo que has estado pensando. Y tal vez lo que has estado pensando, lo que te has estado diciendo, la forma en que has estado procesando la vida y la forma en que has interpretado todo lo que te ha pasado ha ido creciendo desde que eras un niño. Y ahora, en respuesta a un doloroso divorcio o cualquier otro rechazo, todo lo que has estado pensando desde tu niñez de pronto regresa y recarga tu sistema. La forma en que has estado procesando la vida te ha alcanzado y ha crecido hasta el punto en que tus emociones ya no pueden más, y ¡bum! Tienes en tus manos un ataque de pánico por todo lo alto.

Ten la suficiente compasión como para llamarlo temor pecaminoso

Lo más compasivo que puedes hacer es aclarar la confusión y la palabrería psicológica, e identificar lo que realmente está pasando. Son tus pensamientos los que han estado alimentando tus emociones el suficiente tiempo como para hacer que exploten por el miedo. Y no lo estoy minimizando. No estoy diciendo que "se trata de un temor a la antigua. Arrodíllate y arrepiéntete. Deja el temor atrás". Lo que sí estoy diciendo es que la cosa más amorosa que podemos hacer por alguien que está sufriendo de esto es ayudar a la persona a entender que lo que le está pasando no es algo extraño. Debemos llamarlo como la Biblia lo hace y buscar la esperanza al hacerlo. Cuando llamamos a las cosas como dice la Biblia, podemos rastrearlas hasta el corazón y empezar a desenredar esa bola de hilo enmarañada. Puede que no entiendas todo lo que ha sucedido hasta este punto pero que empieces a separar las piezas y digas: "Tratemos de entender lo que te has estado diciendo a ti mismo, lo que has estado deseando, cómo has estado procesando la vida". Y casi siempre vas a encontrar que la interpretación y el proceso que ha seguido la persona ha dejado a Dios fuera del cuadro, o tan lejos en el margen, que ha dejado de ser un participante activo.

Los cristianos pueden ser tan culpables como cualquier otra persona de procesar la vida sin tomar en cuenta a Dios y su Palabra. Vamos a la iglesia, cantamos los himnos, testificamos de la soberanía de Dios, su bondad, su misericordia y su poder. Pero salimos el lunes y procesamos la vida sin tener en cuenta ninguna de esas grandes verdades para que influyan en nuestra situación personal. Es como si la adoración fuera un segmento separado de la vida que solo es para los domingos, un segmento que pocas veces influye en los profundos dolores que estamos enfrentando ahora en nuestras vidas. Esa es la batalla: tomar la verdad de quién es Dios, y lo que dice su Palabra, y aplicarla justo en ese momento de lucha, en ese momento, en ese lugar.

Ve a Dios en el problema

Debes ver a Dios en los problemas. Así que no lo llames ataque de pánico y no digas que tus emociones no están funcionando correctamente.

Acabas de comprobar que funcionan de la manera en que fueron diseñadas por Dios, y ahora se están cobrando por todos los pensamientos equivocados que has estado invirtiendo en cierta cuenta por tanto tiempo. Si piensas en algo por suficiente tiempo, y te lo repites en voz alta las suficientes veces y a menudo, tus emociones se levantarán, te mandarán a la lona y permitirán que el monstruo del miedo se siente sobre tu pecho. Tú gritas: "¡No puedo respirar! ¿Qué está pasando? Quítenmelo de encima". Pero fuiste tú quien alimentó ese miedo; tú eres quien lo convirtió en un monstruo. Ahora tienes al monstruo del miedo del tamaño de un luchador de *sumo* sacando el último aliento de tu vida, pero todo empezó con tus pensamientos.

Y ahora, tú eres el único que tiene que ponerlo a dieta.

La forma de adelgazarlo y retirarlo de encima de tu pecho es cortarle su fuente de alimentación: tu manera equivocada de pensar.

Recuerda: tus pensamientos alimentan a tus emociones.

ORACIÓN FINAL

Dios, te pido que hagas una cirugía de corazón en mi ser; permíteme ver mi corazón como tú lo ves. Dios, te pido que descubras

143

los ídolos que hay en él. Señor, no quiero ir hasta él para escuchar a mi corazón. No quiero ir hasta él para seguir, someterme o confiar en mi corazón. Señor, muéstrame mi corazón para que pueda dirigirlo a tus caminos, para que pueda guiarlo y protejerlo pero sin confiar en él. Quiero confiar en ti. Perdóname por confiar en otras cosas y alejarme de ti. Tráeme de regreso a ti, Dios. Te lo pido en el nombre de Jesús. Amén.

10

DESCUBRE DÓNDE ES MÁS VULNERABLE TU CORAZÓN

¿POR QUÉ PECAS de la manera en que lo haces? ¿Por qué te atoras donde te atoras? Y ¿por qué es tan difícil detenerse, aun cuando el Espíritu Santo de Dios nos condena? Y sin importar cuánto esfuerzo pongas en ello, ¿por qué acabas volviendo una y otra vez al mismo pecado?

Recuerda: *Un ídolo es cualquier cosa o persona que apresa nuestros corazones, mentes y afectos más que Dios.* Es vivir con sustitutos. Es cambiar la gloria del único Dios vivo y verdadero, su majestad, su poder, su bondad, sus promesas y todo lo que él hace en nuestras vidas, por algo distinto, por una novia o un novio, un cónyuge, un empleo, logros atléticos, estabilidad financiera, salud o simplemente una idea. Y la idolatría se muestra en un millón de lugares diferentes en nuestras vidas. Como dijo Calvino: "El corazón es una fábrica de ídolos".[1]

En el capítulo anterior, vimos que la primera razón por la que tu corazón es tan susceptible a los ídolos es que este es el centro de procesamiento y selección de todo lo que hacemos y en lo que nos transformamos. ¿Recuerdas el círculo que vimos acerca de cómo procesamos la vida? Míralo de nuevo. Ese es el círculo de la vida, y se repite una y otra vez durante toda la vida de una persona. La mayoría de la gente está atrapada en algún lugar del círculo. Quiere cambiar, pero no sabe dónde empezar. No les agradan los frutos de la cosecha que provienen de la forma en que están viviendo, pero no saben cómo realizar cambios duraderos efectivos que signifiquen más que solo reordenar las cosas que están en la superficie.

Pero Dios nos da la misma respuesta una y otra vez: empieza con el corazón. Ahora bien, es evidente que el comportamiento insultante para otros o para uno mismo, el comportamiento ilegal y peligroso, debe detenerse inmediatamente. Pero una vez que has detenido ese comportamiento, más te vale analizar tu corazón, porque de otra manera el comportamiento regresará, ¡más grande y más feo que nunca!

TU CORAZÓN ES LA BRÚJULA QUE APUNTA HACIA DONDE CORRES CUANDO ESTÁS BAJO PRESIÓN

Con esto como base, permíteme darte una segunda razón por la que tu corazón es tan susceptible a los ídolos: *tu corazón es la brújula que apunta hacia donde corres cuando estás bajo presión*. Revela algo acerca de nosotros. Cuando estamos bajo presión, la aguja apunta en determinada dirección.

En 1 Corintios 10, el apóstol Pablo, inspirado por el Espíritu Santo, hace una conexión entre las tentaciones y los ídolos. Él une los puntos. Primera de Corintios 10:13 enseña: "No les ha sobrevenido ninguna tentación que no sea común a los hombres. Fiel es Dios, que no permitirá que ustedes sean tentados más allá de lo que pueden soportar". Ahora ve el versículo 14: "Por tanto, amados míos, huyan de la idolatría".

¿Qué está haciendo aquí Pablo? ¿Por qué salta de las tentaciones a los ídolos? Porque él entendía algo inspirado por el Espíritu Santo; él sabía que cuando la presión nos llega, cuando estamos siendo tentados, buscamos una salida, un alivio, un lugar de refugio. Y si no estamos en guardia, nuestro primer pensamiento y nuestra primera inclinación es correr a algo terrenal. Corremos hacia nuestro cónyuge y le exigimos que llene nuestras necesidades; acudimos a nuestro empleo y nos lanzamos de lleno en él y trabajamos mucho más; corremos a alguna sustancia o píldora o al alcohol; nos volcamos en la televisión o Internet y tratamos de aturdirnos en ellos; acudimos a las cosas terrenales en lugar de a Dios cuando estamos bajo presión, porque son más fáciles y rápidas.

Y son visibles.

Tú puedes ver a tu cónyuge, así que es más fácil aferrarse a él y exigirle más a esa relación. Es más fácil volcarse en el trabajo porque de todas maneras vas a él todos los días, y por eso te vuelcas en él con más fuerza. Y Dios sabe que ahí es donde reside el peligro mayor: cuando aumenta la presión, si no somos cuidadosos, buscamos una salida y corremos hacia un ídolo terrenal, un sustituto, en lugar de acudir al único Dios vivo y verdadero. Estamos cometiendo adulterio espiritual, que según el Antiguo Testamento es prostitución; nos refugiamos en el regazo de otro amante. Pero Dios quiere que vayamos hacia él, que nos aferremos a él, que corramos a él.

David Powlison dice: "Las oportunidades de un deseo nunca son sus causas. Las tentaciones y los sufrimientos apuntan a nuestros puntos débiles, pero ellos no crean esos puntos".[2] A medida que aumenta la presión, y hay cosas sucediendo a tu alrededor, ves que acudes a ciertas cosas. Y si no eres cuidadoso, puedes pensar que la presión fue la que creó esas cosas. Pero ese punto débil, ese botón que se aprieta, ya estaba ahí; solo se manifestó por la presión.

¿Cómo llegaron los botones a ese sitio? ¿Quién los puso ahí? Levanta la mano y di: "Fui yo". ¿Sabías que lo estabas haciendo? Probablemente no, pero, de todos modos, los botones estaban ahí. Santiago 1:14 nos explica: "Sino que cada uno es tentado cuando es llevado y seducido". Los botones ya estaban ahí. Vino la tentación, aumentó la presión, vino la prueba y se oprimió un botón. Eres el único responsable de quitar los botones y arrepentirte de ellos.

Los botones idolátricos que creas pueden ser algo así: "Debo ser admirado". "Debo ser popular". "Necesito atención". "Necesito que la genta me crea atractivo". "Necesito más tiempo para mí mismo". "Debo tener una vida libre de aflicciones". "Debo seguir viéndome joven a cualquier precio". "Debo sobresalir en los deportes". "Debo ser considerado como el empleado más eficiente de la empresa". "Debo poder jubilarme pronto y confortablemente". "Debo vivir libre de preocupaciones económicas". Puede ser que tengas muchos otros aun sin saberlo. Así que la verdadera batalla comienza con reconocer cuáles son tus ídolos. Vivir ignorando a tus ídolos es la principal razón por la que sigues luchando con algunos pecados en particular.

LA PRESIÓN NOS LLEGA DE TODOS LADOS

Cuando vivimos en Carolina del Sur, mi cuñado me ayudó a instalar un sistema subterráneo para regar mi jardín del frente. Podía salir al porche delantero, accionar una perilla, y por todo el jardín salían las válvulas negras de plástico que expulsaban el agua. Nunca regresé a la casa y grité: "¡Niños, salgan de la cama! ¡Esto es demasiado bueno! ¡Acabo de accionar una perilla y de pronto, de la nada, salieron todas estas válvulas negras de plástico que están regando el jardín!". No, siempre habían estado ahí. Estaban escondidas debajo de la tierra y solo necesitaban de la presión suficiente, la del agua en esa instancia, que corriera por las tuberías y las hiciera funcionar.

Lo mismo sucede con el corazón. Tus ídolos se han escondido en él; pero no eres consciente de ello. Y cuando viene la presión, los hace surgir y cumplen su función y tú dices: "Oye, esto es muy horrible. ¿Cómo pudo suceder? ¿De dónde viene esto? ¡No lo entiendo!".

Pero los ídolos estuvieron ahí todo el tiempo. Y así, en su misericordia, Dios permite que venga la presión a nuestras vidas para que los ídolos queden expuestos y podamos arrepentirnos de ellos y ser libres. Entonces, ¿cuáles son algunas de las presiones que Dios permite en nuestras vidas para exponer los ídolos que hay en nuestros corazones?

Satanás y todos sus ejércitos nos están acechando

Primero, tenemos a Satanás y todas sus fuerzas atacándonos todos los días. En 1 Pedro 5:8, se nos advierte: "Sean de espíritu sobrio, estén alerta. Su adversario, el diablo, anda al acecho como león rugiente, buscando a quien devorar". En Lucas 22:31, Jesús le dijo a Pedro: "Simón, Simón, mira que Satanás los ha reclamado a ustedes". Tú puedes pensar: "¡Qué maravilla, Satanás me llama por mi nombre!". Puede que creas que eres demasiado insignificante para que Satanás te conozca por nombre personalmente, pero no dudes de que él o sus títeres te están llamando por nombre. El Señor continuó: "Para zarandearlos como a trigo". Cuando los trabajadores de los tiempos del Nuevo Testamento zarandeaban el trigo, lo agitaban violentamente para separar el trigo de la paja.

Eso es lo que Satanás quería hacerle a Pedro y también quiere hacernos a nosotros: ¡zarandearnos para desarticularnos! Así que al tratar de entender cómo los ídolos que hay en tu corazón te hacen tropezar con el pecado, recuerda que tú también tienes un poderoso enemigo. Junto con los deseos por el placer que batallan en tus miembros, nunca olvides cuando te enfrentes a un adolescente, a un niño pequeño, a tu esposa, a tu jefe o a quienquiera que sea que encima de nuestra zona carnal tenemos un enemigo que está haciendo todo lo que puede para hacernos pedazos.

Sufrimos porque vivimos en un mundo caído

También sufrimos porque vivimos en un mundo caído. En 1 Pedro 4:12, el apóstol nos dice que esto no debe asombrarnos: "Amados, no se sorprendan del fuego de prueba que en medio de ustedes ha venido para probarlos, como si alguna cosa extraña les estuviera aconteciendo". Jesucristo dijo en Juan 16:33: "Estas cosas les he hablado para que en Mí tengan paz. En el mundo tienen tribulación; pero confíen, Yo he vencido al mundo". Este versículo nos dice dos cosas a quienes andamos por el mundo. Las buenas nuevas son que, si eres cristiano, estás en Cristo. Las malas noticias son que, aunque estás en Cristo, también estás en el mundo y en el mundo tendremos aflicciones.

El versículo no dice: "Estén preparados; algunos de ustedes tal vez tengan algún problema". No, la Biblia dice que en el mundo tendremos aflicciones. Yo espero el día en que solo se haga realidad la primera de esas frases. Estaremos en Cristo, en su presencia, en el cielo, lejos del sufrimiento, de la tribulación y la angustia. Pero por el momento, estamos tanto en Cristo como en el mundo, así que prepárate para sufrir. Pero consuélate sabiendo que nuestro sufrimiento es usado por Dios para exponer a nuestros ídolos.

Tu propio pecado te sigue haciendo tropezar

Así que tenemos a Satanás acechándonos de continuo y tenemos el sufrimiento. En tercer lugar, tenemos que lidiar con nuestros propios pecados. Proverbios 5:22 dice: "De sus propias iniquidades será presa el impío, y en los lazos de su pecado quedará atrapado". Nos vemos atrapados en la enmarañada red de nuestros propios pecados.

Por eso es que Hebreos 12:1-2 nos dice: "Por tanto, puesto que tenemos en derredor nuestro tan gran nube de testigos, despojémonos también de todo peso y del pecado que tan fácilmente nos envuelve, y corramos con paciencia la carrera que tenemos por delante, puestos los ojos en Jesús, el autor y consumador de la fe, quien por el gozo puesto delante de Él soportó la cruz, despreciando la vergüenza, y se ha sentado a la diestra del trono de Dios". Haz a un lado tu pecado. Estate alerta y vigilante. Hebreos 3:12 dice: "Tengan cuidado, hermanos [estén en guardia], no sea que en alguno de ustedes haya un corazón malo de incredulidad, para apartarse del Dios vivo".

Otras personas siguen pecando contra ti

No es solo nuestro propio pecado el que está tratando de atraparnos, sino que también estamos rodeados de otras personas pecadoras. Vivimos con un cónyuge pecador, estamos tratando de criar hijos pecadores, trabajamos con un jefe pecador y vivimos junto a vecinos pecadores.

Debemos recordarlo. Tendemos a olvidar, y luego nos sorprendemos cuando alguien peca contra nosotros. Esto indica que, desde el principio, estábamos confiando demasiado en esa persona. No estoy diciendo que no debas confiar en nadie o que no debas exponerte ante otras personas. Lo que quiero decir es esto: ¿Dónde estás poniendo tu confianza? ¿A qué te estás aferrando? ¿En qué estás depositando tu esperanza?

Digamos que has tenido un matrimonio complicado, pero gracias a la consejería, está comenzando a mejorar; tu esposo ha empezado a arrepentirse. No pongas toda tu confianza en tu matrimonio para toda tu felicidad. Sigue confiando en Dios y agradécele por lo que está haciendo en tu esposo, pero no apartes tu confianza de Dios. Cuando tu matrimonio estaba en problemas, cuando estabas desesperada, clamaste a Dios, confiando en él. Y a medida que tu matrimonio mejora, si no eres cuidadosa, puedes lentamente dejar de confiar en Dios para confiar en tu cónyuge. Esto es idolatría, y Dios te va a frustrar y te va a sorprender con un fresco recordatorio de la pecaminosidad de tu esposo. No debemos confiar en ningún ser humano. Como dice Salmos 118:8-9: "Es mejor refugiarse en el Señor que confiar en el hombre. Es mejor refugiarse en el Señor que confiar en príncipes".

Jeremías 17:5-8 dice:

Maldito el hombre que en el hombre confía,
Y hace de la carne su fortaleza,
Y del Señor se aparta su corazón.
Será como arbusto en lugar desolado
Y no verá cuando venga el bien;
Habitará en pedregales en el desierto,
Una tierra salada y sin habitantes.
Bendito es el hombre que confía en el Señor,
Cuya confianza es el Señor.

Será como árbol plantado junto al agua,
Que extiende sus raíces junto a la corriente;
No temerá cuando venga el calor,
Y sus hojas estarán verdes;
En año de sequía no se angustiará
Ni cesará de dar fruto.

Siempre que transfieres tu confianza del Salvador hacia otras personas, debes estar listo para pasar por el desierto; prepárate para sentirte sediento, desilusionado y decepcionado. ¡No lo hagas!

La enfermedad física también nos pasa factura

Las enfermedades pueden llegar a tu vida inesperada y repentinamente. El cuerpo que en el pasado era capaz de hacer grandes cosas empieza el doloroso proceso de detenerse. Ese cuerpo, que tal vez años atrás forzabas más allá de los límites, ahora se rehúsa a responder en la forma en que quieres. El cuerpo que requería solo tres o cuatro horas de sueño por noche ahora está exigiendo mucha más atención de la que hubieras imaginado.

Tristemente, a la edad de cuarenta y nueve años, yo estoy en esa etapa. Antes, ni siquiera pensaba en mi cuerpo. Estaba agradecido por tenerlo y lo usaba; pero ahora, cuando me despierto por la mañana queriendo escuchar una palabra del Señor, lo primero que escucho es mi cuerpo que me habla: "¿Qué parte será hoy?". No lo sé. "¿Será el tendón de Aquiles? ¿Mi cadera? ¿Mis oídos? ¿Mi cabeza? ¿Mi...?". ¡Y ni siquiera he llegado a los cincuenta!

A medida que envejecemos, podemos empezar a obsesionarnos por nuestro cuerpo y sus más recientes dolencias porque parece que no podemos deshacernos de ellas o encontrar una solución médica. La situación se torna frustrante, descorazonadora y hasta depresiva. Y si no tenemos cuidado, nos vemos tentados a buscar un refugio falso, diciéndonos: "Me merezco un poco de placer. Merezco alivio. Merezco un descanso. Merezco algo mejor que este horrible dolor".

Estás rodeado de presiones externas

Finalmente, como si todo esto no fuera suficiente, tenemos que incluir la categoría de las presiones externas en general. El apóstol Pablo habla de ello en 2 Corintios 7:5: "Pues aun cuando llegamos a Macedonia, nuestro cuerpo no tuvo ningún reposo, sino que nos vimos atribulados por todos lados: por fuera, conflictos; por dentro, temores". Algunos días nos sentimos así; tenemos conflictos externos, temores internos. Solo unos capítulos antes, en 2 Corintios 1:8-9, él dijo: "Porque no queremos que ignoren, hermanos, acerca de nuestra aflicción sufrida en Asia. Porque fuimos abrumados sobremanera, más allá de nuestras fuerzas, de modo que hasta perdimos la esperanza de salir con vida. De hecho, dentro de nosotros mismos ya teníamos la sentencia de muerte". ¿Para qué? "A fin de que no confiáramos en nosotros mismos, sino en Dios que resucita a los muertos".

EN BUSCA DE UN REFUGIO

Cuando estamos bajo presión, el corazón queda expuesto, y se convierte en una brújula que indica a dónde corremos en busca de refugio. La aguja empieza a temblar y moverse, y la presión revela los lugares hacia los cuales corremos para protegernos.

Anteriormente, mencioné la forma en que Dios empezó a intervenir en mi vida cuando mi esposa y yo buscamos ayuda para nuestro matrimonio; algo no estaba marchando bien, y se caracterizaba por continuos conflictos, batallas y peleas, aunque nunca nos lastimamos físicamente el uno al otro. De todos modos, estábamos en guerra. Tenía que haber un perdedor y un ganador, y los dos pensábamos: "Yo voy a ganar; tú serás el perdedor".

Cuando yo era joven y vivía con mis padres en Knoxville, yo leía las biografías de Jim Elliot y otros misioneros; había pegado etiquetas con versículos bíblicos en todo mi escritorio y en las paredes. También trabajaba con los jóvenes de la iglesia y tocaba la guitarra y le cantaba a Jesús, sin darme cuenta del desastre que era yo. Yo pensaba que era un buen chico y que una afortunada mujer se sacaría la lotería conmigo. Trabajaba como obrero de la construcción durante el día, y cuando llegaba a casa exhausto, me bañaba, comía apresuradamente mi cena y me iba a mi cuarto a leer biografías, libros misioneros y a orar. En serio, ¿quién no querría a un hombre como yo? Las mujeres deberían estar tratando de forzar la entrada de mi casa.

Pero nunca olvidaré la noche en que mi madre tocó a mi puerta. Introdujo la cabeza en el cuarto y me dijo: "Bradley, solo te quiero decir que cuando te cases, no puedes hacer esto". Yo me quedé sentado pensando: "Debes estar bromeando. ¿Qué necesito cambiar? Todo lo que hago es bueno. Mamá, no estoy consumiendo drogas; no estoy inhalando nada en mi escritorio. No hay pornografía en mi cuarto. ¿De qué hablas?". Pero mi madre, que me conocía tan bien, se dio cuenta de quién era la persona que estaba sentada frente a ella, rodeada de biografías de misioneros, versículos bíblicos y afiches acerca de la oración. Porque, básicamente, Brad Bigney solo hacía lo que Brad Bigney quería hacer cuando quería hacerlo y por todo el tiempo que quería. Y mi madre pudo ver que se avecinaba un choque de trenes.

Pero por supuesto que no me arrepentí. Mi madre no me dio detalles acerca de lo que estaba haciendo mal, solo fueron palabras maternales, una cápsula de información que ocasionalmente las madres les dan a sus hijos, pero posteriormente volvió a mí. Fue a los tres o cuatro años de casado, cuando todo explotó, que me di cuenta: "¡Así que a esto se refería mi madre!".

LA PRESIÓN REVELA A NUESTROS ÍDOLOS

Yo no podía ver mi propio pecado y mis ídolos, y tú tampoco puedes verlos la mayor parte del tiempo. Pero Dios diseña exactamente lo que se necesitas para descubrirlos, todo a su ritmo. A medida que llegaba la presión a mi vida con mi esposa y dos hijos, una pequeña casa móvil, un viejo auto, el seminario, las exigencias de una nueva iglesia (dirigiendo la alabanza y trabajando con los jóvenes), yo seguía pensando con más fuerza: "Tengo que hacerlo todo".

Cuando subió la presión en mi matrimonio y mi familia junto con las fricciones, el refugio al que recurría con mayor frecuencia era la iglesia. Yo pensaba que lo único que tenía que hacer era trabajar más duro en lo que hacía. No entendía la cuestión del matrimonio. No tenía ni idea. Yo le había gustado a Vicki cuando estábamos saliendo, pero ahora podía ver que ya no le gustaba. Así que me dediqué a buscar a otras personas a quienes yo les gustara. Yo sabía que estaba hasta el cuello en mi matrimonio, pero no tenía el tiempo ni la inclinación para resolverlo. Nada tenía sentido; solo seguíamos teniendo las mismas discusiones una y otra vez. Así que pensé: "¡Ya tuve suficiente; me largo! Me voy a construir el escenario de la tumba para el programa de resurrección. Voy a alquilar una máquina de humo. Este año alquilaré una grúa para que podamos levantar a Jesús al cielo en la parte de la ascensión en el programa musical de resurrección. ¡Cuánto más grande todo, *mejor*!".

Yo estaba más a gusto y me sentía más capaz cuando estaba sirviendo en la iglesia, así que siempre hacía más. "Yo puedo agradar a la gente", pensaba. Y las palmadas en la espalda: ¡ah, sí, las palmadas en la espalda! La gente me decía: "Eres el mejor pastor que hemos tenido". Y esto me servía de consuelo mientras seguía sin hacer nada en casa, excepto contribuir con una dosis permanente de quejas, críticas y silencios.

Pero la presión tuvo que aumentar más y más para que se descubrieran los ídolos. Y aunque fue muy doloroso y confuso para Vicki y para mí, fue lo más misericordioso que Dios pudo haber hecho: poner tanta presión en nuestras vidas para hacer que aquellas válvulas de plástico negro para regar mi jardín se pusieran a funcionar, para que pudiéramos identificar y hacer morir los ídolos que había en nuestros corazones y que habían estado manejándonos.

Sin embargo, muy a menudo el primer recurso cuando estamos bajo presión no es arrepentirnos de los ídolos, sino acudir a otra cosa. Yo no sé cómo sucede en tu vida. Tal vez estás bajo presión en la actualidad, ya sea por Satanás, el sufrimiento, la enferme- dad, tu propio pecado, el pecado de otras personas o las presiones externas. Déjame animarte a no correr a otra cosa que no sea Dios. Habla con él: "Dios, esto me duele; todo es un desastre. Dios, estoy confundido. ¿Qué quieres que se descubra en mí? ¿Qué quieres que vea que hay en mi propio corazón que soy incapaz de ver? Estoy listo para arrepentirme".

El dinero

Tal vez para ti sea el dinero. Cuando sientes temor, buscas al ídolo del dinero para obtener seguridad. No deseas que te gobierne; solo quieres que te dé aquellas cosas que el mundo dice que van a ser el ancla de tu vida: una determinada casa, un auto, unas vacaciones o un mejor estilo de vida.

El placer

Para algunos, el refugio es el placer. Cuando viene la presión, buscan una satisfacción inmediata. "Solo necesito un instante de placer", se dicen a sí mismos. Y ahí es donde entra la pornografía. No todo el que está atrapado por la pornografía es un adicto sexual. Tal vez eres adicto al placer. Solo necesitas un rápido e intenso momento de autocomplacencia, de tal modo que no tengas que dar nada o preocuparte por una relación con alguien más. El placer que da la pornografía es una intimidad falsa.

La comida

Para otros, la comida es un refugio. Ya sea que se trate de buli- mia, anorexia o glotonería, es un abuso tanto del estómago como de los apetitos. Tal vez anhelas con tanta ansiedad sentir el placer que te provee la comida que no puedes dejarla, no puedes detenerte, sin importar cuán obeso te vuelvas. Si en verdad no quieres subir de peso de ninguna manera, o quieres controlar los efectos de todo lo que estás comiendo, sencillamente lo vomitas. Pero estate seguro de esto: hay un ídolo que está gobernando tu corazón. Quieres tan desesperadamente tener el control —de algo— que controlas tu ingesta de comida hasta el punto de morirte de hambre.

Cualquier otra cosa

Puede que tu refugio sea dormir o las compras o el entretenimiento a tal grado que simplemente desapareces dentro del mundo de la TV, las películas, los videojuegos o el Internet. Cualquiera sea tu refugio, es a lo que el apóstol Pablo se refiere en Filipenses 3:18-19, donde dice: "Porque muchos andan como les he dicho muchas veces, y ahora se lo digo aun llorando, que son enemigos de la cruz de Cristo, cuyo fin es perdición, cuyo dios es su apetito y cuya gloria está en su vergüenza, los cuales piensan solo en las cosas terrenales". Cuando acudimos a cualquier lugar que no sea Dios mismo, nos hacemos enemigos de la cruz de Cristo; desdeñamos la cruz de Cristo; nos alejamos de la cruz de Cristo y decimos: "No, no, no. Es en otro lugar. Encontraré refugio y satisfacción en algún otro lugar".

Esa es la esencia de la idolatría: fijar nuestra mente en las cosas terrenales. David Powlison hace esta observación:

> Recuerdo la ocasión en que aconsejé a un hombre que habitualmente escapaba de las presiones de la vida buscando la TV, la comida, los videojuegos, el alcohol, la pornografía, la recolección de antigüedades o las novelas de ciencia ficción. ¿Dónde podíamos empezar? ¿Podría yo encontrar un pasaje que hablara de sus problemas? Yo no estaba seguro de cuál podría usar. De pronto, tuve una idea. ¡Busca en los Salmos como un todo! Casi cada uno de los salmos, de alguna manera u otra, habla de Dios como nuestro refugio en medio de los problemas. Implícita o explícitamente, los salmos rechazan la idea de buscar refugio en cualquier otra cosa; hablan de la misericordia y el amor divinos; nos invitan a conocer y obedecer a Dios en las trincheras de la vida. Aquel hombre se sentía vagamente culpable por alguno

que otro de sus malos comportamientos, pero no entendía los patrones ni la seriedad de sus faltas. Sus esfuerzos por cambiar eran tibios y fallidos. La convicción del pecado específico de su corazón —el apartarse del Dios viviente para buscar un refugio idólatra— lo despertó y le hizo ver sus pecados de comportamiento en una forma diferente. Empezó a identificar algunos pequeños trucos —que ni siquiera sabía que tenía y que usaba para escapar hacia sus ídolos— y a las diversas engañifas a las que recurría, como hacer mal uso del humor o poner sutiles excusas para justificar su comportamiento. La gracia de Cristo se hizo muy real y necesaria para él. Empezó a motivarse para hacer cambios prácticos, para enfrentar las presiones y responsabilidades y para traer gloria a Dios.[3]

DIOS NO AYUDARÁ A QUIENES LO ABANDONAN

La presión nos viene por todos lados, y cuando llega, nos sentimos tentados a acudir a algún lugar en busca de refugio, y rápidamente descubrimos que Dios no ayuda a quienes lo abandonan. No ayuda a los que, mientras sirven a otros ídolos, esperan que él *los ayude a servirlos*. Seguimos aferrados a los ídolos y aunque mientras tanto oramos y ayunamos, en realidad le decimos: "Dios, realmente necesito esto y si tú fueras bueno, me lo darías".

Pero Dios no nos ayudará a servir a nuestros ídolos.

Jonás 2:8 enseña: "Los que siguen a ídolos vanos abandonan el amor de Dios" (NVI). Pero Dios nos dice: "Yo te ayudaré. Tengo suficiente gracia para ti. Hay una salida para el problema que tienes, pero voy a hacer que no la encuentres mientras sigas aferrado a tus ídolos".

¿Qué hay de ti? ¿Sientes presión? De ser así, ¿qué te está revelando la brújula de tu corazón? ¿Hacia dónde apunta la aguja? Si es a cualquier cosa que no sea Dios, entonces ora diciendo: "Dios, la presión está sobre mí. Te necesito. Vengo a ti más que nunca, Dios".

Aquello a lo cual estás aferrado es una vía sin salida, una cisterna vacía, una falsificación. Te va a decepcionar; te lo garantizo. Haz de Dios tu refugio. Ni a alguien más, ni a ninguna otra cosa. Solo a Dios.

TAREA

Piensa en las presiones que hay en tu vida en este momento. ¡Dios quiere que esas presiones te conduzcan hasta él! Tómate tiempo para leer, meditar y hasta memorizar algunos de los pasajes que incluyo abajo para que veas a Dios como tu refugio. Toma los versículos y escribe a partir de ellos tu propia oración. Finalmente, anota cuáles son los ídolos que crees que tienes, basándote en hacia dónde corres cuando estás bajo presión, y abandónalos. Arrepiéntete.

Dios está en el negocio de destruir ídolos, no porque sea egoísta. Está en el negocio de destruir ídolos porque él es *bueno*, y porque él es bueno, él sabe que nunca serás feliz con falsificaciones. Estas te guiarán solo a mayores desastres y a más problemas si acudes a cualquier otra cosa que no sea Dios. Si él te dejara ir, demostraría que no es amoroso, que no tiene gracia y no otorga misericordia. Para su gloria y nuestro bien, él está en el negocio de destruir ídolos.

Los siguientes versículos son un buen lugar para empezar a aprender acerca de Dios como tu refugio. Piensa en ellos, memorízalos y ora usando estos pasajes:

El Dios eterno es tu refugio;
    por siempre te sostiene entre sus brazos (Deuteronomio 33:27, NVI).

En ti, Señor, busco refugio;
    jamás permitas que me avergüencen;
    en tu justicia, líbrame.
Inclina a mí tu oído,

y acude pronto a socorrerme.
Sé tú mi roca protectora,
    la fortaleza de mi salvación.
Guíame, pues eres mi roca y mi fortaleza,
    dirígeme por amor a tu nombre.
Líbrame de la trampa que me han tendido,
    porque tú eres mi refugio.
En tus manos encomiendo mi espíritu;
    líbrame, Señor, Dios de la verdad.

Odio a los que veneran ídolos vanos;
    yo, por mi parte, confío en ti, Señor.
Me alegro y me regocijo en tu amor,
    porque tú has visto mi aflicción
    y conoces las angustias de mi alma (Salmos 31:1-7, NVI).

Dios es nuestro amparo y nuestra fortaleza,
    nuestra ayuda segura en momentos de angustia. [...]
"Quédense quietos, reconozcan que yo soy Dios.
    ¡Yo seré exaltado entre las naciones!
    ¡Yo seré enaltecido en la tierra!"
El Señor Todopoderoso está con nosotros;
    nuestro refugio es el Dios de Jacob. (Salmos 46:1; 10-11,
    NVI).

Perecerán los que se alejen de ti;
    tú destruyes a los que te son infieles.
Para mí el bien es estar cerca de Dios.
    He hecho del Señor Soberano mi refugio
    para contar todas sus obras (Salmos 73:27-28, NVI).

11

¡Deja que Dios sea Dios!

En el capítulo 5, vimos cómo, cuando estamos atrapados en la trampa de la idolatría, asumimos una nueva identidad. No consiste simplemente en que confiamos en un falso refugio. La idolatría cambia la forma en que piensas de ti mismo, cómo te ves a ti mismo. Asumes una nueva personalidad a medida que adoras en el altar de tus propios ídolos y, dado el suficiente tiempo, empiezas a redefinirte en los términos de esos ídolos.

"Yo soy mi propio redentor": te defines según tu propio desempeño en la vida cristiana

Y esa redefinición de cómo te ves conduce a una de las falsificaciones más mortales, que es una de las sustituciones más prevalentes de la identidad que enfrentamos hoy. Como pastor y siendo yo mismo pecador, con regularidad acudo a esta identidad falsa mientras intento ayudar a las personas que están atrapadas por el pecado. Esta es la trampa de "Yo soy mi propio redentor".

No te engañes; nadie que ostente la etiqueta de "cristiano evangélico" jamás ha venido a mí diciendo: "Mírame, yo soy mi propio redentor". La mayoría de los cristianos tienen suficiente conocimiento teológico como para no decir algo así. Pero lo veo todo el tiempo. Los mismos cristianos que se entusiasman con "la salvación es solo por la gracia" definitivamente la harán a un lado, pensando que pueden vivir la vida cristiana según sus propias fuerzas. Nunca lo dirían con sus labios, pero con su vida dicen: "Yo necesité un redentor para mi salvación, para avanzar en mis comienzos, pero ahora todo se trata de cuán duro puedo trabajar para complacer a Dios, descubriendo lo que dice que haga y después ¡haciéndolo!". Básicamente, es una actitud que dice: "Gracias por iniciarme en esto Jesús, pero yo puedo seguir solo desde aquí". Y, aunque esos cristianos están equipados con principios bíblicos sólidos, rodeados de creyentes y asistiendo a una iglesia 100% bíblica, tarde o temprano su ánimo decae o se autodestruyen o terminan siendo aguafiestas espirituales: quejumbrosos, cansados e infelices. Pierden la energía, pierden el gozo y se preguntan qué fue lo que salió mal, buscando, junto con otras hordas de víctimas espirituales como ellos, un "secreto" bíblico, alguna panacea que los devuelva a su espiritualidad del principio.

La consejera y autora Leslie Vernick dice que esta lucha es tan generalizada porque realmente no entendemos la gracia ni abrazamos el evangelio por completo. Y así es realmente. Cantamos acerca de él y lo conservamos en nuestros credos o en las leyendas de las pegatinas en los parachoques de nuestros autos, pero lentamente, al igual que un gigantesco crucero, empezamos a hacer un giro de ciento ochenta grados en dirección hacia la ley y el esfuerzo propio.

Refiriéndose a una de sus aconsejadas, Vernick nos dice:

A medida que iba conociendo más a Kaitlyn, descubrí que habitualmente ella se preocupaba por sus pecados, fallas e imperfecciones, tanto reales como imaginarios. Cuando nosotros, como Kaitlyn, somos mórbidamente introspectivos o demasiado conscientes de nosotros mismos, nos volvemos hacia adentro, analizando y examinando, siempre tratando de explicar, entender o hacer que tengan sentido nuestras vidas. Nos convertimos en nuestros propios Espíritus Santos, viendo hacia adentro, buscando fallas y generalmente encontrándolas.

Gary Thomas sugiere correctamente que cuando constantemente nos sentimos ansiosos o decepcionados con nosotros mismos, tal vez hemos hecho un "ídolo de nuestra propia piedad". Para llegar a ser la persona que Dios quiere que seamos, necesitamos morir a nuestro hábito de mirarnos a nosotros mismos, dejar de estar ocupados mórbidamente y preocupados y ansiosos acerca de nuestro desempeño o falta de perfección. En lugar de ello, debemos aprender a quitar los ojos de nosotros y fijarlos en la perfección, belleza y gracia de Dios.[1]

Por eso es que el escritor apostólico escribió en Hebreos 12:2: "Puestos los ojos en Jesús, el autor y consumador de la fe". La mayoría de los cristianos son conscientes de Jesús como el autor de la fe. Pero la Iglesia de Jesucristo y la mayoría de los ojos cristianos son miopes en su entendimiento de Jesús como el consumador. El Señor comienza todo *y también* lo consuma todo.

Este es un mensaje que debe gritarse de arriba abajo por los pasillos de nuestras iglesias hoy. Tú no comenzaste la fe y tampoco puedes consumarla. Oh, cuán liberador sería eso para muchos cristianos de hoy en día y cuán robustecida se vería la Iglesia de Jesucristo si sus hijos estuvieran disfrutando de las buenas nuevas del evangelio con todas sus implicaciones, en lugar de marchar según su propia fuerza al ritmo de: "¡Nos esforzaremos más!".

Olvidamos que él es el perfeccionador y por eso ponemos en acción nuestras ruedas espirituales, tratando de perfeccionarnos nosotros mismos.

¿Te suena? ¿Estás enfocado en los estándares perfeccionistas que has creado para ti y quienes te rodean? ¿Eres demasiado crítico y te juzgas tanto a ti como a los demás? ¿Eres morbosamente introspectivo? Es decir, ¿revisas tu vida constantemente con una lupa en busca de detalles microscópicos? Entonces podrías ser uno de esos evangélicos que dicen "Yo soy mi propio redentor" y ni siquiera darte cuenta de ello.

Ahora permíteme hacerte una pregunta que puede reflotar al ídolo de "Yo soy mi propio redentor". ¿Tienes lugar para los pecados de los verdaderos santos en tu teología cristiana? ¿Te das cuenta de lo que estoy preguntando? En otras palabras, ¿qué haces con el pecado? Y es que, incluso las personas que aman a Dios, que lo conocen y son salvas, pecan. ¿Te sorprende? No debería ser así. Tal vez puedas decir: "Cierto. Yo conozco a personas que todavía pecan; la Biblia lo dice". Así es, pero yo te estoy preguntando a ti qué haces con ese pecado. ¿Cómo lo manejas tú personalmente?

Esta es la razón por la cual te estoy presionando con esto: es que cada vez estoy viendo más y más creyentes que se quedan inmovilizados después de pecar. Terminan estancados en las aguas espirituales, aun por años, siendo atacados ahí mismo por Satanás, de tal manera que carecen de gozo, no tienen paz y viven sin dirección en sus vidas. Y debido a ello, son inútiles en el servicio de Dios. Están tan abrumados, ocupados en su introspección morbosa, flagelándose por haber caído, que la siguiente vez que vuelven a perder el control con sus hijos, ni siquiera se atreven a confesar su pecado. No pueden superarlo y seguir adelante. Y mientras tanto, Satanás sonríe y dice: "Te tengo justo donde quiero".

Así que permíteme volver a preguntarte: ¿hay algún lugar en tu vida cristiana para reconocer que vas a pecar? Más te vale que lo haya.

Esto no quiere decir que nos entusiasmemos por el pecado o que nos levantemos cada día y hagamos una lista de pendientes que incluya todos los pecados que vamos a cometer. No hagas planes para pecar. Procura seguir a Dios con todas tus fuerzas; pon tu mirada en complacerlo a él; ora para que él te llene con su Espíritu Santo; ponte la armadura de Dios; lee tu Biblia. Pero sabe de antemano que no habrá un solo día entre ahora y la eternidad en el cual no peques en algún momento.

Entonces, ¿qué haces cuando has pecado? ¿Qué piensas y a dónde corres después de pecar? Muchos cristianos carecen de buenas respuestas bíblicas para responder a esa pregunta, lo cual les está robando el gozo y su servicio en el reino de Dios porque están abrumados y pasan mucho tiempo flagelándose cada vez que pecan. En vez de correr a la cruz y empaparse otra vez en la maravillosa luz del evangelio, se sienten atrapados por sus propios estándares perfeccionistas, lamentando el hecho de que fallaron otra vez. Recuerda esto: tu fracaso no es una sorpresa para Dios. Por eso fue que murió Cristo.

Una vez más, dice Leslie Vernick:

> Hay quienes viven autoinspeccionándose morbosamente, conscientes de sí mismos toda su vida. Viven temerosos, ansiosos e inseguros porque no solo se sobreexaminan, sino que lo hacen con un microscopio. El problema con esas personas es que su vara de medir es su propia versión idealizada de un ser perfecto, no la Palabra de Dios. Oswald Chambers nos advirtió diciendo: "Estoy llamado a vivir en una relación perfecta con Dios para que mi vida produzca un anhelo por Dios en otras vidas, no admiración para mí mismo. Los pensamientos acerca de mí mismo estorban mi utilidad para Dios. El Señor no quiere perfeccionarme para ser un espécimen en su sala de exhibición; él me está llevando al lugar donde él me pueda usar".[2]

Las personas que viven para cumplir un estándar perfeccionista hecho por ellas mismas viven pensando en ellas constantemente. Están tan ocupadas midiéndose a sí mismas que no hay tiempo para que fijen sus ojos en Cristo. Esto las deja con poca energía y emoción que son preciosas para invertir en el reino, sirviendo, amando y pensando en otros.

Tal vez te estoy describiendo a ti. Quizá has pasado la mayoría de tu vida cristiana acicalándote para ser un espécimen en la sala de exhibición de Dios y vacilando una y otra vez entre tus nuevos intentos por alcanzar la santidad y el autoflagelo por fallar una y otra vez. Pon el evangelio en el enfoque correcto en tu vida. Cristo vino y murió por nosotros cuando éramos unos pecadores indefensos, sin esperanza y débiles. Dios se deleita en usar a pecadores quebrantados y lejos de la perfección a quienes él ha salvado por su gracia y para su gloria.

Tal vez estés pensando: "Eso no es lo que escuché mientras crecía en mi iglesia". Más bien has escuchado alguna vez a un predicador u otro cristiano bien intencionado que decía: "Dios no puede usar a una vasija sucia".

Bueno, hay muchas cosas que todavía no entiendo acerca de la Biblia, pero después de leerla de punta a punta, año tras año, sí tengo una respuesta para los mensajeros que usan la frase de "Dios no puede usar una vasija sucia".

Esa frase es basura.

Así es, *basura*. En otras palabras, "desperdicio", "inmundicia" o "excremento".

Si Dios no usara vasijas sucias, entonces ¡no usaría a nadie! Pero gracias sean dadas a Dios porque esas vasijas son las únicas con las que cuenta para trabajar. ¡Lee tu Biblia! Está llena de personas que eran menos que perfectas para adelantar la causa de Dios, pero Dios las usó de todas maneras.

Mateo 1:1-17 es la genealogía de Jesucristo, y es una cartelera de la gracia que pone de manifiesto precisamente el punto que estoy tratando de enfatizar aquí. El Espíritu Santo incluyó en esta lista a tres mujeres que nosotros tal vez buscaríamos la forma de evitar o, por lo menos, de barrer debajo de la alfombra: Tamar (v. 3), Rahab (v. 5) y "la que fue mujer de Urías" (v. 6). Ahora, si la Biblia es algo nuevo para ti, déjame ayudarte. El versículo 6 está hablando de Betsabé. Ella era la esposa de Urías, pero tuvo relaciones sexuales con el dulce cantor de Israel, David. Espantoso, ya lo sé.

¿Quiénes eran estas mujeres? Betsabé fue una adúltera. Rahab fue prostituta. Y Tamar *fingió* ser una prostituta para poder tener relaciones sexuales con su suegro (no tengo espacio para analizar todo ello, pero es horrible —y puedes leer todo lo que sucedió en Génesis capítulo 38— y solo puedo añadir que Tamar nunca entraría en tu lista de famosos). Y algunas de ustedes pensaban que tenían una mala relación con su suegro. Engañar a tu suegro fingiendo ser una prostituta para que tenga relaciones sexuales contigo realmente pondría una mancha en los aniversarios y celebraciones familiares.

Este es mi punto. Esas mujeres están incluidas en esa genealogía porque Dios quiere que nos veamos inmersos en su extraordinaria gracia y misericordia. Su gracia y misericordia no son ni un charcho ni un estanque, sino un océano infinito, vasto y profundo. Así que nadie que lea estas palabras está lejos del alcance de la gracia de Dios. No importa lo que hayas hecho, dónde hayas estado o qué daño hayas recibido; la gracia de Dios es mucho más grande. Su reino tiene lugar para ti como un hijo o una hija adoptivos, y él tiene un lugar para ti en la mesa del banquete de su gracia. ¿No te parece magnífico?

Yo no sé por lo que estás pasando. No sé lo que estás sintiendo. Y no sé lo que estás pensando. Pero sí quiero que sepas que nuestro Dios es el Dios de Tamar, el Dios de Rahab y el Dios de Betsabé. Nuestro Dios se dedica a hacer brillar su gloria a través de vasijas quebrantadas que este mundo lanzaría a un basurero por inútiles. Él se deleita en recoger los pedazos rotos y en hacernos trofeos de la gracia para exhibir su gloria.

Por eso es que el apóstol Pablo dijo lo siguiente: "Pero donde el pecado abundó, sobreabundó la gracia" (Romanos 5:20). Y él sabía que esto también era verdad en cuanto a él cuando dijo: "Pero por la gracia de Dios soy lo que soy; y su gracia no ha sido en vano para conmigo, antes he trabajado más que todos ellos; pero no yo, sino la gracia de Dios conmigo". Pablo insiste en esto en su segunda carta a los Corintios: "Porque no nos predicamos a nosotros mismos, sino a Cristo Jesús como Señor, y a nosotros como siervos de ustedes por amor de Jesús. Pues Dios, que dijo: 'De las tinieblas resplandecerá la luz', es el que ha resplandecido en nuestros corazones, para iluminación del conocimiento de la gloria de Dios en el rostro de Cristo. Pero tenemos este tesoro en vasos de barro, para que la extraordinaria grandeza del poder sea de Dios y no de nosotros" (2 Corintios 4:5-7). Dios se deleita en usar gente con un pasado.

Pero ¿qué hay del presente? ¿Qué hay de los fracasos cotidianos y las debilidades que nos dejan sintiéndonos mucho menos que vencedores? En medio de nuestras batallas, en medio de nuestras incapacidades, en medio de nuestras luchas contra el pecado y nuestras caídas, Dios todavía puede usarnos. Él todavía puede usarte para testificarle a tu vecino, aun después de que reaccionaste violentamente con tus hijos por estar peleando y discutiendo. Dios puede hacerlo. ¿Estará él complacido con tu momento de reacción violenta? No, pero eso no te descalifica para ser usado por él porque la vida cristiana no es una especie de sistema de méritos. Dios nunca dice: "Oh, acabas de perder el control con tus hijos, así que no puedo usarte ahora. No tendrás las palabras. No tendrás buenos pensamientos. No te vas a acordar de Romanos 3:23. No puedes compartir el evangelio". Gracias sean dadas a Dios porque no ha establecido un sistema basado en las obras. Él es un Dios de gracia; nos da gracia para la salvación y gracia para vivir la vida cristiana cotidiana.

Pero con mucha facilidad volvemos a caer en el pensamiento de: "Oh, oh, volví a meter la pata, así que a lo mejor Dios me castiga y voy a chocar mi auto en el camino al trabajo". O: "Se me olvidó poner el despertador y perdí mi tiempo devocional". O: "Estoy veintiún días atrasado en mi plan de lectura bíblica. Con seguridad, Dios está a punto de enviarme un castigo ejemplar".

Intelectualmente tal vez sabemos que esta clase de pensamientos no reflejan la verdad, pero empezamos a sentirnos y a vivir como si lo hicieran. El ídolo de "Yo soy mi propio redentor" tiene atrapados a tantos cristianos el día de hoy, que pueden ondear la bandera de "salvos por la gracia", pero se han dedicado a vivir su vida cristiana con su propio esfuerzo.

Este es el verdadero problema: si estás batallando con esta clase de pensamientos, probablemente tienes un concepto demasiado elevado de ti mismo. El detestable orgullo es el que está detrás de la máscara de "Yo soy mi propio redentor". El orgullo es un factor importante en la gente perfeccionista, dominada por el afán de rendir más. Se sienten muy devastados cuando no llegan a cumplir con sus estándares (¡no solo los de Dios!) porque piensan demasiado de sí mismos. En lugar de reconocer que no pueden hacer nada separados de Cristo, viven sus días enfocados en lo que están tratando de hacer. Y son muy poco conscientes, si es que lo son, de que Jesucristo está viviendo en ellos. Y nunca experimentan el reconocimiento humilde, desesperado, de que separados de Cristo no pueden hacer nada. De hecho, en verdad piensan que deben y pueden hacer mucho. Por eso se sienten tan devastados cuando fallan.

Entonces, ¿cuál es la respuesta? ¿Cómo puedes salir de la idolatría y la falsa identidad de "Yo soy mi propio redentor"? Permíteme mostrarte algunas formas.

NO PERMITAS QUE TUS DISCIPLINAS ESPIRITUALES DEGENEREN EN REGLAS FRÍAS EN LUGAR DE LLEVARTE A UNA RELACIÓN VIVA CON CRISTO

Cuando digo *disciplinas espirituales*, quiero decir la lectura de la Biblia, la oración, la adoración, dar testimonio, escribir un diario espiritual, pasar tiempo en silencio y soledad, ayunar, servir, ofrendar y más. Todas estas son excelentes disciplinas y Dios nos anima a hacer buen uso de ellas. Pero he aquí el peligro: antes de que te des cuenta, lo que empezó como una senda de gracia empieza a estrecharse para formar un oscuro túnel atiborrado por tu deseo de rendir más. Y eso cierra la ventana de la gracia. La vida cristiana empieza a sentirse pesada; no hay gozo, no hay sentido de libertad, porque la claridad de la gracia divina está ensombrecida por las oscuras nubes del rendimiento y los deberes espirituales.

Y mientras tanto, Dios te dice: "¡Detente! Yo te salvé por la gracia cuando eras mi enemigo, cuando eras hostil, cuando eras un desgraciado. Yo te amo. Nuestra relación se basa en la gracia y en la cruz de Cristo, no en lo que tú puedas hacer por mí ahora".

Entonces, ¿debes deshacerte de las disciplinas espirituales? ¿Debes suspender el ayuno, la lectura de la Biblia y la oración? No; solo realízalos con una nueva motivación. El propósito de las disciplinas espirituales es conocer mejor a Dios y experimentar la comunión con él, no ganarnos su favor. Para el creyente, el favor de Dios es suyo cada día, se basa en Cristo y su justicia, no en ninguna cosa que haga o deje de hacer.

El pastor C. J. Mahaney describe este dilema:

Les presento a Stuart. Es un converso reciente. Todavía tiene mucho que aprender de la vida cristiana, pero él siente un auténtico amor por Jesucristo. Un domingo en la mañana, durante el culto de la iglesia, su amigo Mike observa que Stuart está teniendo dificultades para encontrar el libro de Romanos. Después de la reunión, se acerca a Stuart para preguntarle si ha estado leyendo regularmente su Biblia. "Oh, claro — responde Stuart—. Tiene tanta información que he estado viendo diferentes cosas". Mike levanta las cejas y dice: "¿Estás leyendo al azar? Esa no es la mejor forma. Necesitas leer las Escrituras con seriedad. Escucha, tengo una guía que nos dice cómo leer toda la Biblia en un año, un poco cada día. Te voy a hacer una copia". "¡Guau!" responde Stuart. "¿Quieres decir que para esta época el año entrante habré leído la Biblia entera? ¡Eso sería grandioso!". Y solo unos pocos días después, Stuart asienta una base firme para su vida cristiana llamada Lectura de la Biblia, la cual quedará fija en su vida.

Después de que Mike le dijo lo importante que era la lectura de la Biblia, Jimmy lo animó a meditar en las Escrituras, Andrés enfatizó cuán glorioso es asistir a un grupo semanal de rendición de cuentas junto a otros hombres de la iglesia y, en un sermón, su pastor enfatizó la importancia de las reuniones de oración de la iglesia. Posteriormente, Stuart asistió a una conferencia relacionada con el evangelismo y aprendió que él debía estar testificando cada día. Después escuchó un programa de radio que hablaba del ayuno y otro más acerca de la santidad personal. Una a una, Stuart añadió más y más actividades espirituales a su vida. Todas eran buenas. Algunas eran vitales. Pero, sin darse cuenta, Stuart permitió que se diera un cambio peligroso en su mente y su corazón. Aquello que Dios había diseñado como medios para experimentar la gracia, Stuart los había convertido en un medio para ganar la gracia. En vez de que fueran una expresión evidente de su confianza en la obra salvadora de Dios en su vida, sus actividades espirituales se convirtieron en acciones que debía mantener a toda costa.

Ese cambio se puede observar a simple vista los domingos por la mañana. En un domingo, Stuart canta y adora a Dios con evidente sinceridad y celo. ¿Por qué? Porque acaba de tener una muy buena semana; ninguna de sus actividades ha fallado. Pero en otro domingo, después de una semana donde algunas actividades fallaron, Stuart no siente confianza para acercarse a Dios. Se le dificulta adorar con libertad porque piensa que Dios no lo aprueba. Su confianza ya no está puesta en el evangelio; está en su propio rendimiento, el cual no ha sido tan perfecto últimamente.[3]

¿Describe la vida de Stuart a la tuya propia? Sé honesto. ¿Dónde has puesto tu confianza? ¿En el evangelio o en tu propio cumplimiento de los deberes espirituales? ¿Te es difícil entrar a la adoración porque eres consciente de que has fallado en algunos aspectos la semana pasada? ¿Tienes que hacer un chequeo de tus deberes antes de acercarte a Dios? ¿Depende tu capacidad de acercarte a su presencia de tu rendimiento o de la obra terminada por Cristo?

Si dependes de tu rendimiento, no pasará mucho tiempo para que el gozo cristiano desaparezca de tu vida, dejando en su lugar una depresión sofocante basada en: "No creo poder seguir haciendo esto para siempre". La vida abundante se convierte en una lista onerosa de reglas a medida que las promesas de Cristo de darnos vida abundante se ven sofocadas por esa lista de reglas que tú mismo has creado para redimirte.

Cuando funcionan como deben, las disciplinas espirituales, en vez de sofocarte, fortalecerán tu relación con Dios. Pero tal vez estés pensando: "¿Qué diferencia hay entre hacer un uso sabio de las disciplinas espirituales y caer en una trampa idólatra de rendimiento para mí mismo?". Esto tiene que ver con la motivación que hay detrás de lo que estás haciendo. El rendimiento por sí mismo dice: "Yo haré estas cosas para ganar una buena posición delante de Dios". La disciplina piadosa dice: "Voy a hacer estas cosas porque amo a Dios, quiero conocerlo mejor y quiero experimentar más de su gracia. Y lo voy a hacer sabiendo que él nunca puede amarme más de lo que ya lo hace porque ¡estoy en Cristo!".

SUMÉRGETE EN LAS ESCRITURAS COMO SI FUERA LA PRIMERA VEZ QUE LAS LEES

Una de las mejores formas de hacer esto es comprarse una Biblia nueva que esté limpia. No tiene que ser costosa, solo estar limpia, sin subrayados, textos marcados u otros señalamientos, para que no te veas influenciado por algo que escribiste antes. El objetivo es que la leas como si fuera la primera vez.

Hace poco, fui a cambiarle el aceite a mi auto. Me senté en la sala de espera con una Biblia flamante y limpia. Estaba leyendo 1 Pedro 4 y de pronto prorrumpí en un súbito, inesperado y maravilloso momento de alabanza, sin importar el humo de tabaco y la música *country* que llenaban la sala. Al leer la página de 1 Pedro 4, encontré versículos que había leído muchas veces antes, algunos de los cuales hasta había tratado de memorizar, pero fue maravilloso ver ese capítulo de nuevo, de una forma fresca y nueva.

Te recomiendo que empieces en el libro de Gálatas. Léelo cuidadosamente y en oración, porque todo el libro exalta la gracia de Dios que es nuestra a través de la cruz de Cristo. A través de estos seis capítulos, el apóstol Pablo se dedica a defender el mismísimo corazón del evangelio y a recordarnos que Cristo es nuestro Redentor y no nuestras obras, no nuestros esfuerzos y definitivamente no nuestras disciplinas cotidianas.

Por ejemplo, considera lo que dice Gálatas 3:3: "¿Tan insensatos son? Habiendo comenzado por el Espíritu, ¿van a terminar ahora por la carne?". Pablo ya les había entregado el evangelio en persona, pero ellos muy pronto habían caído en la trampa de tratar de vivir la vida cristiana mediante su propio esfuerzo. Así que el apóstol les recordó: "¿Están tratando de perfeccionar en la carne lo que fue iniciado por el Espíritu?". Y añade: "¿Tan insensatos son?". Dios empezó su obra en ti por su Espíritu, y solo puede ser perfeccionada por Dios, por su Espíritu. Es el Espíritu que mora en ti el que te capacita para vivir la vida cristiana, no tu esfuerzo tenaz de cumplir con las disciplinas espirituales.

¡NIÉGATE A DEJAR ATRÁS A TU SALVADOR!

Puede que esto suene muy básico, pero debo decirlo. Es más, tal vez sea necesario que mires por encima de tu hombro y reconozcas que el punto que se ve lejos en la distancia es tu Salvador. Se supone que debes vivir la vida cristiana caminando *con* tu Salvador, en comunión constante *con* él, deleitándote *en* tu Salvador, confiando *en* tu Salvador, no marchando osadamente con tus propias fuerzas. Pero esto es lo que sucede, especialmente en una iglesia que tiene en alta estima la Palabra de Dios. Se te dice que busques en las Escrituras los principios bíblicos relacionados con el matrimonio, la crianza de los hijos, las finanzas, los ídolos del corazón, el orgullo y así sucesivamente. Hasta ahí todo está bien. Pero, como somos pecadores depravados, buscamos la forma de resumir todo ello en unos cuantos principios. Creamos un sistema o una lista con la que podamos trabajar usando nuestras propias fuerzas.

Pero Dios no diseñó la vida cristiana para que fuera reducida a una lista de cosas por hacer. Si lo hubiera querido así, la Biblia podría ser un libro muy pequeño con un índice, con todas esas listas a la mano, donde apareciera orgullo bajo la O, ira bajo la I y el pecado sexual bajo la S. En su lugar, él compuso la Biblia principalmente en forma narrativa porque deseaba que la Biblia nos atrajera a una relación con *él*, no que nos sirviera como un sistema que podemos tomar y llevar a cabo por nosotros mismos. De lo contrario, no necesitaríamos a Dios para nada.

Deshazte de tu mentalidad de "lista de cosas por hacer"

Vivir con una lista no funciona, o cuando menos, no por mucho tiempo. Y el tiempo que inviertes en ella te desgasta, ¡y eso sin mencionar a todos los que te rodean! En Juan 15:5, Jesús afirma: "Yo soy la vid, ustedes los sarmientos; el que permanece en Mí y Yo en él, ese da mucho fruto, porque separados de Mí nada pueden hacer". Tal vez has tratado de vivir la vida cristiana sin él, preguntándote por qué te sientes tan exhausto espiritualmente y tenso todo el tiempo. Obsérvate; ve si tienes una lista agarrada en tu puño espiritual que aprietas con fuerza, con los nudillos blancos al volante de la vida cristiana. Si eres así, entonces te espera una colisión porque los principios bíblicos separados del Salvador que los diseñó nunca pueden producir los resultados que estás deseando. Puedes desgastarte y trabajar, trabajar, trabajar, trabajar, pero nunca llenarás el vacío que queda por la ausencia de una relación viva, amorosa y gozosa con Cristo.

El consejero cristiano Wayne Brown dice: "De la misma manera, estoy convencido de que la confianza en la seguridad de los principios cristianos está siendo confundida con la fe en Dios".[4] Como padre, puedes sentirte atraído a reunir todos los principios bíblicos que puedas encontrar que hablen de la crianza de los hijos y, después, confiar en *ellos* en lugar de confiar en Dios para que transformen los corazones de tus hijos. Si no eres cuidadoso, convertirás la crianza de tus hijos en una carrera agotadora, pensando: "Si pongo en práctica todos estos principios, tengo la garantía de que tendré hijos piadosos". ¡Cuidado! Esa forma de pensar generalmente termina en quebranto y decepción: fuerzas las cosas, miserable pero diligente, suponiendo que el sistema está funcionando cuando no lo está.

No puedes confiar solo en los principios. Debes confiar únicamente en Dios y *solo* en él.

Confiar en los principios puede darte una sensación de que tienes el control. Te pone en el asiento del conductor de tu vida cristiana, y a todos nos encanta tener el control. Confiar en Dios te deja… bueno, confiando en Dios, y esto es especialmente difícil en áreas que tanto amas como la de tus hijos. Brown asevera:

> El impulso de controlar para que todas las cosas se alineen perfectamente a menudo es una manifestación de temor, no de fe. Podemos inflar los principios y enviarlos flotando al espacio en un dirigible con las palabras "Vida Cristiana Correcta" impresas en grandes letras negras sobre su superficie brillante. Pero las llamas encendidas de la vida real siempre lo devuelven a tierra, algunas veces en picada como el dirigible Hindenburg. Los cristianos engañados, que caen del dirigible espiritual cuando se inclina, cruje y se envuelve en llamas, a menudo aterrizan en mi sillón de consejería. "¿Por qué no funcionó? —me preguntan—. Se suponía que 'Vida Cristiana Correcta' me iba a mantener a flote, libre de las heridas de mi infancia, elevándome por encima de mi tendencia a pecar, con éxito en mi matrimonio y mi empleo". Generalmente, espero a que pasen algunas sesiones para sugerirles que tal vez el piloto del dirigible era alguien distinto a Dios. "No funcionó —les digo—, porque los principios, cristianos o no, siempre te van a fallar. En algún momento, tu decencia tendrá una falla. Tu buena crianza se doblegará ante el peso de la fragilidad humana. Las fallas inesperadas de tus mejores intenciones van a revelar

un motivo más oscuro. Has estado deseando que estas cosas te salven, no que te guíen". Algunas veces lo entienden, pero otras no. Y a veces me piden que les recomiende algún buen libro para restaurar el dirigible y que funcione otra vez.[5]

¿Qué hay de ti? Quizá tu dirigible de "Vida Cristiana Correcta" ya se estrelló, dejándote amargado y miserable. Sabe esto: aunque te encuentres en un desastre humeante, puedes regresar hasta donde deberías haber estado todo el tiempo, buscando a Dios, dependiendo de él, disfrutando de él y deleitándote en el evangelio.

Toda la vida cristiana se trata de Cristo. Filipenses 3:3 dice: "Porque nosotros somos la verdadera circuncisión, que adoramos en el Espíritu de Dios y nos gloriamos en Cristo Jesús, no poniendo la confianza en la carne". Nuestra confianza debe estar en Dios y en Jesucristo. Pablo continúa diciendo: "[Quiero] ser hallado en Él, no teniendo mi propia justicia derivada de la ley, sino la que es por la fe en Cristo, la justicia que procede de Dios sobre la base de la fe" (Filipenses 3:9). En *The Message* (El mensaje), Eugene Peterson lo pone de esta manera: "No deseo la justicia inferior, que viene de cumplir una lista de leyes, cuando puedo obtener la justicia superior, la justicia de Dios que viene de confiar en Cristo".

REENFOCA Y EQUILIBRA TUS ORACIONES

Con frecuencia, oramos equivocadamente. Nuestras oraciones están desequilibradas, demasiado inclinadas hacia nosotros mismos y nuestros pecados. No me malinterpretes; la confesión de pecados es esencial. Pero la verdadera confesión es estar de acuerdo con Dios y admitir: "He pecado". Pero Dios no es un déspota que se complace en vernos retorciéndonos a sus pies, flagelándonos después de haberle confesado nuestros pecados. Más bien, él se complace en vernos adorarlo. Y eso sucede mejor cuando mantenemos nuestros ojos fijos en nuestro Salvador y su obra terminada en la cruz y no en nuestros pecados.

Los puritanos tenían el equilibrio correcto. Ellos sabían cómo orar. No minimizaban sus pecados; los tomaban en serio, y también tomaban en serio buscar a Dios. Pero nunca se alejaban demasiado ni de la cruz ni de la gracia ni de su Salvador. No se revolcaban en sus fracasos ni se lamentaban por sus pecados. Ellos seguían la senda de la cruz y se regocijaban en ello. Ellos entendían la necesidad de vivir una vida centrada en la cruz.

La oración puritana que sigue es un ejemplo de a lo que me refiero:

Oh Señor,
Dobla mis manos y córtalas,
porque a menudo te he ofendido con mi voluntad descarriada,
cuando estos dedos debían abrazarte por la fe.
No me he despojado de toda la gloria creada,
el honor, la sabiduría y la estima de otros,
porque tengo una motivación secreta de ver mi nombre en
todo lo que hago.
No solo permitas que pronuncie la palabra pecado, sino que
lo vea por mí mismo.
Dame para ver una pecaminosidad al descubierto,
que sepa que a pesar de que mis pecados han sido crucificados,
no han sido totalmente mortificados.
Odio, malicia, mala voluntad,
y la vanagloria que anhela y busca
la aprobación y aplauso de los hombres,
todos han sido crucificados, perdonados,
pero se levantan nuevamente en mi corazón pecador.
¡Oh, mi pecaminosidad crucificada, pero nunca completamente mortificada!
¡Oh, mi maldad permanente y continua vergüenza!
¡Oh, mis pecados mortales del corazón!
¡Oh, la esclavitud atormentadora de un corazón pecador!
Destruye, oh Dios, al habitante oscuro que está dentro de mí,

cuya oculta presencia convierte mi vida en un infierno.
A pesar de todo, no me has dejado aquí sin tu gracia.
La cruz todavía se mantiene en pie y cubre mis necesidades
en las partes más profundas de mi alma. [...]
El recuerdo de mis grandes pecados, mis muchas tentaciones,
    mis caídas,
traen en forma fresca a mi mente el recuerdo
de tu gran ayuda, de tu apoyo desde el cielo,
de la gran gracia que salvó a un desgraciado como yo.
No existe un tesoro más grande
que esa continua experiencia de tu gracia hacia mí,
que solo ella puede dominar el surgimiento del pecado dentro
    de mí:
Dame más de ella.[6]

"Dame más de ella, ¡más de tu gracia!". Así es como debemos orar y vivir. Si eres culpable de vivir la vida cristiana con tus propias fuerzas, clama a Dios y di: "Quiero más de tu gracia continua. No quiero quedarme atorado en mi justicia barata, inferior; quiero la que es superior". Quizá nunca hayas saboreado la gracia superior. ¡Clama pidiéndosela a Dios! Tal vez no conozcas a Cristo para nada y todavía seas esclavo del pecado. ¡Clama a Dios pidiendo misericordia! Que este sea el día en que dejas de lado la justicia barata e inferior y empiezas a probar, oler, deleitarte en y aferrarte a la justicia superior que solo se encuentra en Cristo.

12

LA RECETA DE DIOS
PARA LA LIBERTAD

¿Cuál es el remedio para el corazón descarriado?

Espero que a estas alturas ya hayas identificado a algunos de tus ídolos. De no ser así, detente ahora mismo y pide a Dios que te transforme. No solo leas este libro. Averigua qué es lo que pasa en tu corazón. Ora pidiendo: "Dios, ¿qué ídolos me están derrotando en mi vida? ¿De qué necesito arrepentirme?". Es algo difícil discernir lo que realmente está sucediendo en tu corazón, ¿verdad? Puede que no seas consciente de aquello a lo que te aferras, qué es lo que anhelas y a qué estás adorando en lugar de a Dios. Eres más consciente de la gente que se atraviesa en tu camino, de aquellos que crees que deben cambiar. Así que detente ahora mismo y dedica un tiempo a permanecer en quietud delante de Dios y enfocarte en tu propio corazón.

Proverbios 20:5 dice: "Como aguas profundas es el consejo en el corazón del hombre, y el hombre entendimiento lo sacará". ¿Qué está sucediendo dentro de ti? ¿Por qué haces lo que haces? Estas son aguas profundas, y junto con la gracia y ayuda del Espíritu Santo, vas a necesitar una generosa porción de entendimiento, humildad, valor y tiempo para resolverlo. Estoy orando para que este libro te ayude a alcanzar y descubrir lo que está sucediendo en tu corazón.

Una vez que eso suceda, cuando Dios te muestre lo que está pasando en tu corazón, ¿qué pasará? En este capítulo, quiero presentarte tres hábitos que necesitas establecer en tu vida para poder detectar y destruir los ídolos de tu corazón en forma consistente.

HÁBITO #1: ESTABLECE Y MANTÉN UNA MENTALIDAD DE GUERRA

No pienses que tratar con los ídolos es un evento único. No dejes a un lado este libro y digas: "Está bien, este es el año en que voy a destruir todos los ídolos de mi corazón; una vez que termine, puedo seguir adelante y enfocarme en otras áreas de mi vida cristiana". Las cosas no funcionan así. Esta es una batalla de por vida. Debes pensar en términos del conflicto entre Israel y Palestina, el cual ha seguido desde que tengo uso de razón, en lugar de una escaramuza o una batalla relámpago, parecida a la Operación Tormenta del Desierto de los años noventa. No es cuestión de finalmente derribar al enemigo de una sola vez. El corazón es una máquina incansable, una fábrica que trabaja veinticuatro horas al día haciendo ídolos, y tan pronto como aplastas uno, tu corazón produce otro. Nunca se detiene; nunca se toma un descanso.

Así que tratar con los ídolos no es para los que tienen un corazón medroso. Es complicado y extenuante, y parecería que nunca termina. Hasta que Dios nos libre de estos cuerpos carnales, el corazón nunca se rendirá completamente. A veces cantamos "Yo me rindo a ti", pero honestamente, no tenemos la capacidad de mantener la sumisión total, especialmente no cada minuto de cada día por el resto de nuestras vidas. El corazón nunca depone sus armas porque la carne pelea contra el Espíritu: "Porque el deseo de la carne es contra el Espíritu, y el del Espíritu es contra la carne, pues estos se oponen el uno al otro, de manera que ustedes no pueden hacer lo que deseen" (Gálatas 5:17).

Esto no quiere decir que no valga la pena el esfuerzo, que no valga la pena luchar. La crianza de los hijos también es difícil y extenuante, y nunca termina completamente, pero a nadie se le ocurriría darse por vencido solo porque no podemos hacerlo perfectamente. Lo mismo sucede con desenraizar los ídolos del corazón. Pero para hacerlo con éxito, debemos tener una mentalidad de guerra, y debemos conservarla por el resto de nuestras vidas. La buena noticia es que Dios nos da todo lo que necesitamos para conservar esa mentalidad de guerra. Nos da su gracia, su Espíritu Santo y su Palabra, así como la base firme del evangelio donde apoyarnos. Encima de eso, nos da un acceso directo a su trono por medio de la oración y por medio de la ayuda y el ánimo de nuestros hermanos creyentes que le hablan a nuestras vidas.

Ten en mente que enfrentas un enemigo que es diestro en toda clase de tácticas engañosas, como sucede en una guerra terrenal. Los ídolos se esconden y se disfrazan, y no siguen las reglas internacionales de la guerra. Muy rara vez salen al descubierto y, cuando lo hacen, no ostentan letreros que dicen: "Hola, mi nombre es Envidia". Al igual que una célula terrorista, se esconden en las montañas de tu corazón y llevan a cabo operaciones encubiertas mientras tu atención está ocupada en otras cosas. Y también cambian sus rostros, son maestros del disfraz, a menudo desaparecen y resurgen con nuevos nombres, nuevas identidades y nuevas estrategias para atacarte.

Y no terminan de morir. Puedes acuchillarlos una y otra vez, y puedes arrastrar sus horribles cadáveres para asegurarte de que en efecto están muertos. Pero cuando menos lo esperas, en el momento más inoportuno de tu vida, ese ídolo que pensabas que habías exterminado brincará de detrás de algún rincón de tu corazón y te espantará de muerte, haciendo que tu adrenalina pecaminosa resurja de nuevo. Eso es lo que hacen los ídolos. Puedes pensar que estás a salvo, pero nunca lo estás en realidad.

Los ídolos son como camaleones: se manifiestan de diversas maneras dependiendo de tus circunstancias, la etapa de tu vida, tu edad, tu empleo y tus luchas actuales. Y se manifiestan en formas diferentes, dependiendo de dónde eres más débil en un punto determinado de tu vida.

Por ejemplo, 2 Timoteo 3:4 habla de los hombres y mujeres que son "amadores de los placeres en vez de amadores de Dios". Así que, si estás luchando con el ídolo del placer, este se puede manifestar de incontables formas. Por eso es que no puedes enfocarte solo en el problema obvio e inmediato. ¿Cómo es un ídolo "amador de los placeres"?

Una forma en la que el ídolo "amador de los placeres" podría manifestarse es haciendo que te sientes frente a la pantalla de tu computadora a ver pornografía. Y cuando Dios te empieza a sentenciar, apagas la pornografía solo para reemplazarla con las apuestas en el casino local porque te proporcionan la misma emoción y exaltación.

Y cuando tus deudas de juego se amontonan, llegan tus amigos y te quitan las llaves del auto para que no puedas ir al casino de nuevo, pero te encuentras de nuevo frente a la computadora, no viendo pornografía pero perdiendo el tiempo con un videojuego hora tras hora, derrotando a los soldados enemigos porque esto no solo te proporciona un escape placentero de la realidad, sino que también te da una gratificación inmediata. Y ninguna otra área de tu vida se siente tan bien: ni tu matrimonio ni tu trabajo.

Pero entonces tu esposa se queja por todo el tiempo que estás desperdiciando frente a la computadora en lugar de hablar con ella y tus hijos, así que apagas la computadora para terminar en la sala de estar pegado a tu pantalla gigante de televisión, engullendo cervezas y viendo todos los partidos de fútbol que puedes encontrar.

¿Qué está pasando aquí? Aunque no lo creas, no es tan fortuito o confuso como puede parecer. El placer es el ídolo que está dirigiendo cada uno de esos comportamientos específicos, y como puedes ver, se puede manifestar en una cantidad increíble de formas. Así que un ataque contra la pornografía o las apuestas o los videojuegos no te va a dar la victoria. Más bien, debes dirigir tu armamento pesado al ídolo del placer en sí; de lo contrario, la lista de pecados que no se parecen nada entre sí seguirá apilándose como la ropa sucia que debe lavarse.

Así que el hábito número uno es establecer y mantener una mentalidad de guerra. Permíteme iniciarte en esto explicándote tres maneras en que puedes hacerlo.

Continúa sumergiéndote en la Palabra de Dios

Hebreos 4:12-13 enseña: "Porque la palabra de Dios es viva y eficaz, y más cortante que cualquier espada de dos filos. Penetra hasta la división del alma y del espíritu, de las coyunturas y los tuétanos, y es poderosa para discernir los pensamientos y las intenciones del corazón. No hay cosa creada oculta a Su vista, sino que todas las cosas están al descubierto y desnudas ante los ojos de Aquel a quien tenemos que dar cuenta". La Palabra de Dios te dirá lo que está pasando en tu corazón. La lectura de la Biblia te mantiene honesto porque no solo lees la Biblia: la Biblia te lee *a ti*. Ella te expondrá y te llevará hacia la libertad. La lectura regular, cotidiana, puede evitar que seas dominado por los pecados que tan fácilmente te dominan.

Mira algunos de los casos en que la libertad viene de la Palabra de Dios: "De tristeza llora mi alma; fortaléceme conforme a Tu palabra. Quita de mí el camino de la mentira, y en Tu bondad concédeme Tu ley. He escogido el camino de la verdad; He puesto Tus ordenanzas delante de mí. Me apego a Tus testimonios; señor, no me avergüences. Por el camino de Tus mandamientos correré, porque Tú ensancharás mi corazón" (Salmos 119:28-32).

Cuando estás alimentando a tus ídolos, cuando los estás cuidando, protegiendo y promoviendo, las mentiras y el engaño a menudo son parte del escenario, así que la Palabra de Dios te libra de tus ídolos del corazón al revelar el engaño. El Espíritu Santo utiliza las Escrituras como una lámpara para escudriñar las madrigueras de tu corazón donde gustan esconderse los ídolos.

Salmos 119:42-45 dice: "Así tendré respuesta para el que me afrenta, pues confío en Tu palabra. No quites jamás de mi boca la palabra de verdad, porque yo espero en Tus ordenanzas. Así que guardaré continuamente Tu ley, para siempre y eternamente. Y andaré en libertad, porque busco Tus preceptos".

Sigue empapándote de la Palabra de Dios; no solo la leas. Repásala; medita en ella. Ora a Dios repitiéndola lentamente. Escoge un versículo y retenlo en tu mente, dándole vuelta con lentitud como si fuera un diamante de cinco quilates, permitiendo que la luz del Espíritu Santo haga su obra llevando la verdad como refulgentes rayos de luces de colores hasta tu corazón y alma, eliminando la oscuridad en que se esconden los ídolos. Si haces un hábito de leer la Palabra de Dios de esta manera, no tendrás que ir a cazar ídolos todos los días. La luz de la Palabra de Dios pondrá de manifiesto a tus ídolos antes de que hayan tenido tiempo de atrincherarse en tu vida.

Sigue reuniéndote con la familia de Dios, ¡la Iglesia!

Otra manera de permanecer en una mentalidad de guerra es insertándote en una iglesia local. Observa que no dije "asiste"; dije "insértate". Hay una diferencia, y se va a convertir en la clave para combatir a los ídolos del corazón. Necesitas a la Iglesia, bien cerca, para que le hable a tu vida aunque no te guste. Así que cuando te digo que te insertes en una iglesia, no quiero decir entrar y salir de un servicio dominical, repartiendo uno que otro apretón de manos y algunos saludos superficiales. Estoy hablando de involucrar tu vida en un grupo de creyentes, siendo honesto, compartiendo las luchas y, más que nada, dándole permiso a ese grupo de cristianos para que le hablen a tu vida cuando ellos vean que empiezas a descarriarte hacia algo que te hará propenso al pecado. Eso es lo que hace una buena iglesia que funciona como Dios la diseñó.

No puedes hacer el trabajo de detectar y destruir a los ídolos sin ayuda, sentado en tu casa viendo sermones por televisión o en tu computadora. Si te aíslas y te alejas de la iglesia, continuamente batallarás para enfrentar a los ídolos de tu corazón y para crecer personalmente con arrepentimiento porque Dios no te diseñó para que vivas la vida cristiana a solas. Necesitas a otros cristianos. Pero ese concepto va en contra de la actual corriente del pensamiento cristiano en Norteamérica. Elyse Fitzpatrick lo describe así:

> Hace algunos años, mi esposo y yo tuvimos la maravillosa oportunidad de pasar unas vacaciones en Europa. En cerca de tres semanas y media, visitamos trece países diferentes. En cuanto llegábamos a uno, hacíamos que nos sellaran nuestros pasaportes, cambiábamos nuestro dinero, aprendíamos unas cuantas frases claves y nos dedicábamos a visitar a los habitantes oriundos del lugar. Nos gustaba visitar los mercados al aire libre, recorríamos los museos y probábamos la comida local. Intercambiábamos algunos saludos con las personas, nos sentábamos en las gradas de las catedrales, observando cómo transcurría la vida de cada lugar, tomábamos algunas fotografías y comprábamos algún recuerdito para no olvidar el tiempo que pasamos ahí, y luego nos marchábamos. Nuestras vacaciones fueron divertidas. Nuestros corazones no cambiaron de ninguna manera significativa por esas breves visitas, pero de todos modos ese no era el propósito. Éramos turistas. Me parece que lo que acabo de decir se parece mucho a lo que la gente entiende de lo que es la vida congregacional de la iglesia local. En cualquier domingo, se pueden encontrar en la iglesia muchos turistas. Se aparecen por cuarenta y cinco minutos o una hora, cantan un himno o dos, intercambian saludos con los demás diciendo: "¿Qué tal? ¿Cómo estás?", "¡Muy bien!", "Y tú, ¿cómo estás?", "¡Muy bien!", "Mucho gusto en verte", "Hasta luego". Prueban algún bocadillo; hasta puede que compren un libro o CD para recordarles su visita, y después se apresuran para irse en sus autos a su restaurante favorito o a su casa antes de que empiece el partido de turno. Para muchas personas, la iglesia simplemente es un lugar para ir una vez por semana. Se trata más de ser un turista, y nuestra tierra está llena de iglesias muy acogedoras para los turistas. Entran y salen, cumplen su deber religioso y "nos vemos la próxima".[1]

Entonces, ¿cuál es la solución?

Tus ídolos ponen una venda sobre tus ojos, pero cuando permites que la gente se acerque a ti, ellos pueden ver a tus ídolos mejor de lo que los ves tú. Según Proverbios 18:1, "El que vive aislado busca su propio deseo, contra todo consejo se encoleriza". Cuando sirves a tus ídolos y haces lo que quieres, tiendes a aislarte de otras personas. No te interesa pertenecer a un grupo pequeño; no quieres rendir cuentas. Hebreos 10:24-25 dice: "Consideremos cómo estimularnos unos a otros al amor y a las buenas obras, no dejando de congregarnos, como algunos tienen por costumbre, sino exhortándonos unos a otros, y mucho más al ver que el día se acerca".

Nos necesitamos los unos a los otros.

En la mayoría de los casos, los demás pueden ver nuestras vidas mejor que nosotros, así que humíllate e invita a quienes se encuentran más cerca de ti para que te hablen sobre tu vida y hazles las siguientes preguntas:

- ¿A dónde ves que corro en lugar de a Dios?
- ¿En qué aspectos ves que tengo un espíritu exigente?
- ¿A qué ves que me estoy aferrando y deseando más que a Dios?
- ¿Dónde observas que estoy deseando obtener algo con tanta intensidad que estoy dispuesto a pecar si pienso que lo voy a perder?

Sigue clamando a Dios

Una tercera manera en que puedes mantener tu mentalidad de guerra es seguir clamando a Dios. En el campo de batalla, los soldados entienden cuán importante es la comunicación. Y esa es una de las cosas que el enemigo trata de cortar. Los combatientes de la primera línea se sienten más desanimados y confundidos si el enemigo puede interrumpir la comunicación entre ellos y sus comandantes. Y no es diferente con la batalla espiritual. Nuestro enemigo es un experto en tácticas de guerra. Él procura cortar la comunicación entre nosotros y nuestro Comandante celestial. No permitas que esto suceda. Sigue clamando a Dios. Sigue orando con el Salmo 139:23-24: "Escudríñame, oh Dios, y conoce mi corazón; pruébame y conoce mis inquietudes. Y ve si hay en mí camino malo, y guíame en el camino eterno".

HÁBITO #2: TOMA DECISIONES QUE ANIQUILEN A TUS ÍDOLOS

Cada decisión que tomas, aun la más pequeña, alimenta o aniquila a tus ídolos. Así que hazte a la idea de que no hay decisiones fútiles. Debes pensar acerca de las cosas pequeñas porque estas siempre se convierten en cosas grandes y porque, aunque son chiquitas, vienen de debajo de la superficie, del corazón. En Mateo 15:19-20, Dios nos dice: "Porque del corazón provienen malos pensamientos, homicidios, adulterios, fornicaciones, robos, falsos testimonios y calumnias. Estas cosas son las que contaminan al hombre; pero comer sin lavarse las manos no contamina al hombre". Por eso hemos estado haciendo toda esta excavación, buscando debajo de la superficie.

Vive una vida orientada a los mandamientos en lugar de a las emociones

Existen dos enfoques para la vida en nuestra cultura. El primero es llevar una vida orientada hacia los mandamientos, vivir de la forma en que Dios nos dice que lo hagamos. El segundo es vivir gobernado por las emociones. Y, tristemente, los cristianos pueden caer en la trampa de vivir orientados hacia las emociones tan fácil como cualquier persona. Pero Dios nos dice que vivamos una vida orientada hacia los mandamientos. Cualquier cosa que la Palabra de Dios diga es lo que debemos desear hacer, ya sea que nos sintamos inclinados a hacerlo o no.

Primera de Samuel 13:12-13 nos da un ejemplo de lo que significa una vida enfocada en las emociones en vez de una vida que actúa según los mandamientos. Se suponía que el rey Saúl debía esperar a que el profeta Samuel llegara y ofreciera el sacrificio, pero mientras esperaba, Saúl sintió miedo cuando los filisteos empezaron a reunirse para la batalla. El versículo 12 nos informa que Saúl se vio impulsado a ofrecer el sacrificio él mismo. Pero cuando Samuel llegó, le dijo: "Has obrado neciamente" (v. 13). Muchas veces, actúas neciamente cuando haces lo que te sientes impulsado a hacer. Si ese impulso no se alinea con la Palabra de Dios, olvídalo; no lo obedezcas y no lo sigas. A menudo, para obedecer la Palabra de Dios, debes hacer algo que no tienes ganas de hacer o abstenerte de hacer algo que tienes ganas de hacer. Acostúmbrate a esto.

Aprende a poner tus sentimientos en su lugar. Ni yo ni Dios tenemos nada en contra de las emociones. Solo que no vivas por ellas, y no permitas que te controlen. Para ganar la batalla contra los ídolos del corazón, no podemos dejar que los sentimientos sean la fuerza que controle nuestras decisiones. La obediencia para la gloria de Dios debe ser la que las dirija. La buena noticia es que *las emociones siguen a la obediencia*, así que sigue obedeciendo hasta que tengas nuevos sentimientos.

Eugene Peterson dice: "Las emociones son muy mentirosas. [...] Son importantes en muchas áreas pero muy poco fiables en los asuntos de la fe. [...] La Biblia invierte muy poco tiempo hablando de la forma en que sentimos. [...] A veces pensamos que si no sentimos algo, entonces no hay autenticidad en hacerlo. Pero la sabiduría de Dios dice algo totalmente diferente, a saber, que podemos actuar de una forma que produzca nuevos sentimientos mucho más rápido de lo que podemos seguir nuestros sentimientos para actuar de manera diferente".[2]

Agradar a Dios o agradar a nuestro yo

Así que estas son principalmente las dos formas en que la gente vive. Y esto nos pone ante una disyuntiva, una encrucijada en el camino (mira el diagrama de la *Y*). Todos los días enfrentamos docenas de decisiones, y cada vez tienes que preguntarte: "¿Voy a comportarme según lo que siento en este momento, o voy a obedecer a Dios? ¿Voy a complacer a Dios o a mí mismo?".

En el Antiguo Testamento, Josué nos dio un maravilloso ejemplo cuando dijo a los israelitas: "Escojan hoy a quién han de servir

Diagrama *Y* de consejería bíblica[3]

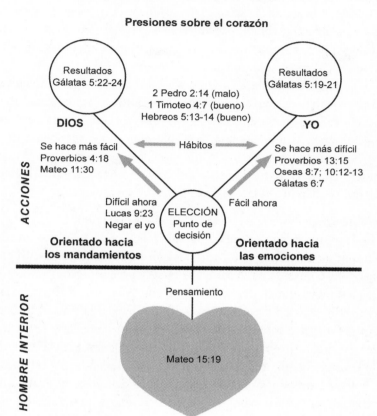

Presiones sobre el corazón

Resultados
Gálatas 5:22-24

2 Pedro 2:14 (malo)
1 Timoteo 4:7 (bueno)
Hebreos 5:13-14 (bueno)

Resultados
Gálatas 5:19-21

DIOS

YO

Se hace más fácil
Proverbios 4:18
Mateo 11:30

← Hábitos →

Se hace más difícil
Proverbios 13:15
Oseas 8:7; 10:12-13
Gálatas 6:7

ACCIONES

Difícil ahora
Lucas 9:23
Negar el yo

ELECCIÓN
Punto de
decisión

Fácil ahora

**Orientado hacia
los mandamientos**

**Orientado hacia
las emociones**

HOMBRE INTERIOR

Pensamiento

Mateo 15:19

2 Corintios 5:9
Solo hay dos opciones disponibles: agradar a Dios o agradar al yo

[…] Pero yo y mi casa, serviremos al Señor" (Josué 24:15). En otras palabras, "vamos a servir a Dios, no porque lo sintamos así, no porque nuestras emociones estén abrumadoramente a favor de ello, sino porque Dios nos llama a hacerlo".

Tienes que tomar decisiones diariamente: "¿Qué voy a hacer? ¿Qué voy a pensar? ¿Cómo voy a responder?". Romanos 13:14 dice:

"Antes bien, vístanse del Señor Jesucristo, y no piensen en proveer para las lujurias de la carne". Demasiadas veces proveemos para la carne, aun en pequeños detalles. ¡No lo hagas! No proveas para la carne, para cumplir sus deseos, porque cada decisión, grande o pequeña, alimenta o aniquila a tus ídolos.

Si decides complacer a Dios, será difícil, especialmente si ya tienes el hábito de vivir siguiendo tus emociones, porque por naturaleza tu carne pecadora te aleja de las cosas de Dios. Te encuentras en Romanos 7, donde el apóstol Pablo dice en los versículos 15 y 24: "Porque lo que hago, no lo entiendo. Porque no practico lo que quiero hacer, sino que lo que aborrezco, eso hago. [...] ¡Miserable de mí! ¿Quién me libertará de este cuerpo de muerte?".

Mantén tus emociones sujetas a la Palabra de Dios

Hay muchos cristianos que van por la vida sumidos en un estupor inconsciente —susceptibles a altibajos emocionales, afligidos por ataques de depresión, ansiedad y preocupación— porque dejan que sus emociones actúen sin freno, lejos de la influencia del evangelio. Tus emociones deben estar sujetas a la verdad divina porque, de otra manera, como un perro descontrolado se suelta de su correa, corren desenfrenadas por todos lados. Solo la Palabra de Dios puede mantener sujetas tus emociones en forma estable.

Para cambiar la metáfora, la Palabra de Dios y el evangelio deberían ser como una bolsa de suero intravenoso que nos mantiene hidratados con agua viva, goteando permanentemente la verdad que da esperanza, que transforma, que produce gozo y cambio de perspectiva; la verdad que llegará a conformar la manera en que sientes, sin importar lo que sucede a tu alrededor, porque está basada en la inalterable y objetiva Palabra de Dios, en lugar de en tus emociones siempre cambiantes, que fácilmente se desaniman y están mal orientadas.

Juan 8:31-32, 36 dice: "Entonces Jesús decía a los judíos que habían creído en Él: 'Si ustedes permanecen en Mi palabra, verdaderamente son Mis discípulos; y conocerán la verdad, y la verdad los hará libres. [...] Así que, si el Hijo los hace libres, ustedes serán realmente libres'".

No dice que vas a sentir algo. Los sentimientos van y vienen, pero Jesús dijo: "Conocerán la verdad, y la verdad los hará libres". Lo que *sabes* determina cómo vives, y da forma a lo que sientes. Conocer la verdad de Dios nos da libertad, incluida la libertad de la prisión de nuestros propios sentimientos.

Insisto en este aspecto porque los conceptos del pensamiento objetivo y la verdad proposicional se han devaluado mucho en nuestra cultura. La gente de hoy, incluidos los cristianos, piensa que cualquier cosa que se siente es verdaderamente real. No, cualquier cosa que Dios dice es lo que es real. Agradar al *yo* es fácil porque está relacionado con las emociones. Tú piensas: "¿Cómo puede esto ser malo si se siente tan bien?". Agradar al *yo* no requiere de ningún esfuerzo; puedes dejarte llevar por la corriente, pero eso no se aplica cuando se trata de agradar a Dios.

Ejercítate en la piedad

A medida que cultivas el hábito de agradar a Dios, se torna más fácil; no *fácil* realmente, sino menos difícil de como era al principio. Por ejemplo, si empiezas a ejercitar un nuevo músculo, tal vez dando vueltas a unas mancuernas para tus bíceps, puedes sentir que te vas a morir cuando te lavas el pelo la primera semana. Nunca imaginaste que ibas a sentir tanto dolor en una sola parte de tu cuerpo. Pero ese bíceps había estado sin usarse, y no lo habías desarrollado. Pero si sigues ejercitando ese músculo semana tras semana, ¿seguirás quejándote por el dolor? No, cada vez será más fácil. Proverbios 4:18 dice: "Pero la senda de los justos es como la luz de la aurora, que va aumentando en resplandor hasta que es pleno día". A medida que eliges agradar a Dios, él te promete que tu senda será más y más brillante en su gloria y su presencia.

No me malinterpretes; nunca será indoloro. Habrá pruebas y dificultades, pero Dios nos hace una invitación abierta para traer todo ello a él: "Echando toda su ansiedad sobre Él, porque Él tiene cuidado de ustedes" (1 Pedro 5:7). En Mateo 11:28, Jesús nos invita diciendo: "Vengan a Mí, todos los que están cansados y cargados, y

Yo los haré descansar". ¿Y qué es lo que más nos agobia? Nuestros pecados. Pero Jesucristo dijo: "Vengan a Mí, todos los que están cansados y cargados, y Yo los haré descansar. Tomen Mi yugo sobre ustedes y aprendan de Mí, que Yo soy manso y humilde de corazón, y 'hallarán descanso para sus almas'. Porque Mi yugo es fácil y Mi carga ligera" (Mateo 11:28-30).

En los días de Jesús, la gente uncía un buey viejo a uno joven para que este pudiera aprender el trabajo de arar. En estos versículos, Jesús está diciendo: "Pónganse en el yugo conmigo y pasen su día conmigo, y aprendan de mí, porque soy manso y humilde de corazón". Y después añade: "Mi yugo es fácil". En griego, la palabra que se traduce como "fácil" significa que le "queda bien". Puedes pensar que tu pecado te queda bien, pero su yugo idólatra te va a herir más y más; cuanto más tiempo lo lleves, más ajustado se vuelve y va a ahogar tu vida espiritual. Las heridas pecaminosas y los roces causados por tu yugo idolátrico te mantendrán caminando cabizbajo, incapaz de respirar el fresco aire de la gracia.

"Vengan a Mí", dice Jesús.

¿Qué yugo llevas ahora? ¿Te queda bien? ¿Te ha engañado el pecado? Eso que habías pensado que te llenaría de gozo y libertad ¿se está volviendo una prisión hecha por ti mismo? Todo eso puede terminar hoy. Jesús te llama. Él está dispuesto a destruir el yugo del pecado idólatra que hay en tu vida y llevar el yugo contigo de tal manera que te quede mejor de lo que te ha quedado ninguna otra cosa. ¿No quieres eso?

Cosechas lo que siembras

La vida seguirá siendo difícil. Seguirás pasando por pruebas, pero con quién te enyugues marcará la gran diferencia en cómo lo sobrelleves. El yugo de Jesús queda bien, y la senda por la que te lleva se hace más y más brillante.

Por otro lado, agradar al *yo* se hace más y más difícil. Empieza fácilmente y, al principio, tomas infinidad de pequeñas decisiones, pero esas decisiones te llevarán por algunos de los lugares más duros que puedas imaginar, por el quebranto de tus relaciones y tal vez hacia consecuencias que no pueden revertirse. En eso consisten el engaño y la mentira del pecado. La parte inicial de la travesía se siente muy fácil, sin esfuerzo; solo requiere hacer lo que sientes y lo que quieres, pero cada paso que te lleva por esa senda aprieta poco a poco las cadenas del pecado, hasta que ahoga la gracia y la paz y la libertad en tu vida.

Gálatas 6:7 nos advierte: "No se dejen engañar, de Dios nadie se burla; pues todo lo que el hombre siembre, eso también segará". Va a haber una cosecha, y si has estado viviendo para agradarte a ti mismo, la cosecha final será dura, dolorosa y compleja. Despertarás un día y dirás: "¿Por qué estoy en tantos problemas? Esto no es lo que quiero".

Estás cosechando lo que sembraste.

Nos gusta sembrar para la carne, pero queremos cosechar el fruto del Espíritu: amor, gozo, paz, paciencia, benignidad, bondad y así sucesivamente (ver Gálatas 5:22-23). Pero no es así como funciona la cosecha espiritual: cosechas lo que siembras. Así que la vida orientada a las emociones se hace cada vez más difícil aunque empezó tan fácilmente. Proverbios 13:15 afirma claramente que "el camino de los malvados es difícil". Oseas 8:7 va más allá y dice: "Porque siembran viento, y recogerán tempestades. El trigo no tiene espigas, no da grano, y si lo diera, se lo tragarían los extraños". Las leyes de la cosecha dicen que recogerás en un tiempo posterior al que sembraste, cosecharás más de lo que sembraste y siempre te costará más de lo que querías pagar. Siempre.

El camino de los transgresores es duro. Y es nuestra idolatría la que nos ciega ante la mayoría de los pecados con los que estamos tropezando.

El hábito es un don de Dios

Dios nos dio una maravillosa capacidad para formar hábitos. Los hábitos no tienen por qué ser malos. Tú dices: "Tratar de agradar a Dios es difícil. ¿Siempre será así de difícil?". No. No lo será. Con la gracia de Dios derramada sobre ti, su Santo Espíritu que vive en ti y el pueblo de Dios rodeándote, puedes formar hábitos para agradar a Dios. La capacidad de formar hábitos es un maravilloso don de Dios. Sin ella, te quedarías pensando: "¿Cómo me pongo los pantalones? ¿Meto primero la pierna izquierda o la derecha?". Y: "¿Cómo me seco con una toalla? Y: "¿Cómo funciona este artefacto para cepillar los dientes?". Pero debido a que Dios creó los hábitos, ni siquiera tienes que pensar cómo hacer la mayor parte de lo que haces cada día de tu vida.

Puedes formar hábitos honrados y piadosos. Pero nunca me escucharás decir que alguna vez llegarás al punto en que todos tus hábitos piadosos se realicen automáticamente. Esto nunca va a suceder en esta vida. Si yo dejo de pensar en cómo debo amar a mi esposa, dejo de orar acerca de ello, dejo de procurar hacerlo, ella se convertirá en una mujer muy poco amada. Pero no tengo que trabajar tan duro en ello como hice hace veinte años, cuando por primera vez empezamos a trabajar en nuestro matrimonio. Al principio, yo pensaba: "No puedo hacer esto, aunque sea lo que dice la Palabra de Dios. Yo no soy así". ¿Adivina qué? He cambiado, y tú también puedes hacerlo.

No tienes por qué seguir siendo lo que siempre has sido. De eso se trata el Espíritu Santo. De eso se tratan la Palabra de Dios y la oración y el congregarse con la familia de Dios. El Señor quiere cambiarnos, para su gloria, a la imagen de su Hijo Jesucristo. Así que él nos dio la capacidad de formar hábitos. Haz que los hábitos trabajen a tu favor en esta lucha contra el pecado y los ídolos del corazón. Proponte vivir una vida orientada hacia los mandamientos y no orientada hacia los sentimientos.

Primera de Timoteo 4:7 dice: "Disciplínate a ti mismo para la piedad". Hebreos 5:14 también nos habla acerca de "los cuales por la práctica tienen los sentidos ejercitados para discernir el bien y el mal". Lo lograron por el uso constante, ejercitándose, siguiendo el hábito. Pedro nos da algunos malos ejemplos en 2 Pedro 2:14 de personas que "tienen los ojos llenos de adulterio y nunca cesan de pecar. Seducen a las almas inestables. Tienen un corazón ejercitado en la avaricia". ¿Quién entrenó sus corazones para que se habituaran a la codicia? Ellos lo hicieron; ellos se comportaban de determinada forma, a la manera en que sus emociones los llevaban, hasta que se convirtió en un hábito. Ellos entrenaron sus corazones para pecar.

Entonces, ¿cuáles son los resultados de agradar a Dios y vivir una vida centrada en los mandamientos? El fruto del Espíritu: amor, gozo, paz, paciencia y mucho más. Y ¿cuáles son los resultados de agradarse a uno mismo? Gálatas 5 también incluye la lista: "adulterio, fornicación, inmundicia, lascivia, idolatría, hechicerías, enemistades, pleitos, celos, iras, contiendas, disensiones, herejías, envidias, homicidios, borracheras, orgías, y cosas semejantes a estas" (vv. 5:19-21); y así se puede seguir hasta el infinito, hasta el hartazgo.

Ken Collier explica: "Solo hay dos elecciones disponibles: agradar a Dios o agradarse a uno mismo".[4] Pero queremos encontrar un camino en medio, hacer un poco de cada cosa. Sin embargo, solo hay dos caminos. Debemos tratar de emular al apóstol Pablo cuando dijo en 2 Corintios 5:9: "Por eso, ya sea presentes o ausentes, ambicionamos agradar al Señor".

Detente y piensa en tu propia vida. ¿Hacia dónde te has dirigido cada día cuando llegas a una encrucijada en el camino? ¿Estás tomando la senda fácil, cediendo a tus emociones? ¿Estás eligiendo obedecer la Palabra de Dios, aunque no te sientas bien al hacerlo?

HÁBITO #3: APRENDE A TRABAJAR EN REVERSA DESDE EL CAOS QUE HAY EN TU VIDA HASTA LLEGAR A TUS DESEOS IDÓLATRAS

Para detectar y destruir a los ídolos de tu vida, necesitas aprender a hacerte buenas preguntas, especialmente preguntas relacionadas con las motivaciones de tu corazón. Ken Sande nos da algunas excelentes preguntas de diagnóstico que puedes usar para trabajar hacia atrás desde el conflicto hasta llegar a tus ídolos:[5]

- ¿Cómo estoy dispuesto a pecar con tal de obtener algo?
- ¿Por qué estoy castigando a esta persona?
- ¿Por qué soy tan exigente?
- ¿Por qué estoy esperando demasiado de esta persona?
- ¿Por qué tengo este conflicto?

Como dice Salmos 24:3-4: "¿Quién subirá al monte de Jehová? ¿Y quién estará en su lugar santo? El limpio de manos y puro de corazón; el que no ha elevado su alma a cosas vanas [ídolos], ni jurado con engaño" (RVR1960).

Dedica un tiempo a orar. "Dios, ¿dónde se encuentra dividido mi corazón? ¿A qué ídolo estoy elevando mi alma, aunque sea bueno, como querer tener un buen esposo, tener hijos obedientes o salir de mis deudas?".

Ora: "Dios, ¿qué me pasa? Señor, muéstramelo. Los conflictos entre mis parientes y yo, o con mi esposa o con mi jefe, ¿se deben a mis ídolos?". ¿Qué te está pidiendo Dios que abandones? Déjalo, y confía en él para que obre en esa área. Y él lo hará.

UN EJEMPLO DE CÓMO LA IDOLATRÍA PUEDE DESTRUIR UN HOGAR

A continuación está el testimonio de una esposa joven de nuestra iglesia que reconoció que los ídolos de su corazón le estaban causando alejarse precisamente de las personas que más amaba: su esposo e hijos. El detectar y destruir los ídolos específicos de su corazón fue una parte importante de lo que Dios usó para cambiar cómo se estaba relacionando con su familia.

Cuando aprendí todo acerca de los ídolos del corazón, quedaron expuestos tres grandes ídolos que yo tenía:

1. La obediencia de mi hijo e hija de tres y dos años.
2. Tratar de controlar a mi esposo.
3. Mi deseo de que nunca me decepcionen.

¿Cuáles fueron algunos de los indicios que me hicieron pensar que estos eran los posibles ídolos de mi corazón?

Un día, se me ocurrió que ni siquiera estaba disfrutando de mis hijos. Me la pasaba leyendo libros y tomando clases sobre la crianza de los hijos, tratando de aprender todo lo que pudiera para entrenarlos de tal manera que fueran hijos piadosos. Pero yo no los estaba disfrutando. La clave principal fue que mi hijo de tres años empezó a preguntarme: "Mami, ¿estás enojada conmigo?". Me lo preguntaba a cada rato durante el día aun cuando no lo estaba disciplinando. Yo tomé esto como una mala señal. Yo tenía la expectativa de que mis hijos me obedecieran y que lo hicieran al momento y en el lugar. Y si no lo hacían, recibían mi explosión de impaciencia y enojo. Cosas tan pequeñas como que mi hijo tirara su taza de leche de la mesa me encendían de inmediato. En cada comida, parecía que inevitablemente él tiraba su tacita al suelo. Y ¡qué terrible! A mí me sonaba como escribir con clavos en un pizarrón. Era algo tan pequeño, pero yo estaba reaccionando con tanta impaciencia porque quería que él tuviera dominio propio y que mantuviera su vaso en la mesa. ¿Qué tan difícil podía ser eso? Yo era una persona impaciente. Él no se sentaba en su silla del auto con suficiente rapidez según yo, y aunque era un enérgico niño de tres años, yo esperaba que se quedara perfectamente quieto mientras yo lo vestía.

Asimismo, mi esposo y yo discutíamos con mucha frecuencia acerca del dinero. Principalmente, yo me quejaba de que él no ganaba lo suficiente para que yo me pudiera quedar en casa con los niños y no tuviera que trabajar. Yo le preguntaba: "¿Cuándo voy a poder hacer la escuela en casa?". Encima de todo eso, ambos teníamos deudas con la universidad que yo quería liquidar a toda costa. Mi esposo no estaba ganando lo suficiente para permitirme renunciar a mi trabajo y quedarme en casa con mis niños, y tampoco ganaba lo suficiente para pagar mis deudas. Así que cada vez que tocábamos el tema del trabajo, dinero o deudas, yo me enojaba e impacientaba, y todo se volvía un total desastre.

En medio de todo este conflicto, Dios utilizó una clase de escuela dominical para recordarme el Salmo 139:23-24: "Escudríñame, oh Dios, y conoce mi corazón; pruébame y conoce mis inquietudes. Y ve si hay en mí camino malo, y guíame en el camino eterno". Empecé a orar con estos versículos todas las mañanas durante mi tiempo devocional y también cada vez que me enojaba con los niños o con mi esposo. Y el Señor me hizo sentir un enorme deseo de cambiar. Cuanto más oraba, Dios empezó a mostrarme más que habitualmente yo era impaciente, iracunda, controladora, que estaba llena de amargura y que tenía un espíritu malo contra mi esposo e hijos. Una vez que mi esposo y yo empezamos a tomar consejería matrimonial en la iglesia, me sentí cada vez más convencida por Juan 3:30: "Es necesario que Él crezca, y que yo disminuya". Esa noche, me convencí de que los patrones del comportamiento pecaminoso en mi vida no solo surgían de mi orgullo y egoísmo, sino que también estaba llena de expectativas irreales hacia la gente que me rodeaba porque me estaba aferrando al ídolo de "Debo tener una vida libre de contrariedades".

Un ejemplo de cómo esas falsas expectativas me llevaban a continuas decepciones en mi matrimonio es que yo quería que Craig estuviera listo para tomar el liderazgo en nuestro hogar y en la iglesia. Esto significa que yo quería que él dirigiera un grupo bíblico pequeño en nuestro hogar y que empezáramos a aconsejar a otras parejas de la iglesia juntos.

Pero mi esposo me dijo que él no estaba, ni está todavía, preparado para hacer tales cosas. Cuando yo le exigía estas cosas y no me hacía caso, yo me enojaba y lo manipulaba o me impacientaba y era dura y retenía mi afecto y amor. Ese era el patrón de la forma en que me relacionaba con mis esposo e hijos.

Mi esposo y yo empezamos a tomar consejería con una pareja de nuestra iglesia, y nuestro pastor estaba enseñando acerca de los ídolos del corazón. Por fin me di cuenta de que los ídolos de mi corazón me estaban conduciendo a pecar para obtener lo que yo quería o a pecar si no obtenía lo que quería. Así que me pregunté: "Si no vas a disfrutar de tus hijos ahora, y estos asuntos se van a hacer mucho más grandes cuando ellos crezcan, entonces, ¿cuándo vas a disfrutar de ellos? ¿Y cuándo dejaremos mi esposo y yo de actuar como compañeros de cuarto y empezaremos a disfrutar la compañía del otro y a tener una relación cercana e íntima otra vez?". Pero lo que más me convenció fue cuando me dije: "Soy una mujer cristiana, y se supone que debo vivir alegre y gozosa. Pero ¿por qué no me siento así aun cuando sé que debo y puedo serlo?". Estas preguntas empezaron a hacer mella en mí.

A esas alturas, decidí que iba a hacer lo que fuera necesario para cambiar. No quería seguir viviendo de esa manera, y tampoco quería ser conocida como una mujer dura, criticona, controladora y con un espíritu malo, en especial para con mi esposo e hijos. Me arrepentí de mi comportamiento pecaminoso con la ayuda de la pareja piadosa que nos estaba aconsejando. Una noche, en nuestra sesión de consejería, literalmente me puse de rodillas y entregué a mis hijos, mi esposo, mis finanzas y mi vida a Dios. Le dije: "Tómalo todo, Señor. Haz lo que sea necesario para cambiarme porque estoy cansada de ser así, y yo sé que no te estoy obedeciendo". También le pedí a Dios que me ayudara a separar mi vista de mis hijos y marido como la principal fuente de mi gozo y satisfacción y me ayudara a encontrar mi satisfacción únicamente en Dios. Me di cuenta por primera vez de que nunca antes había hecho esto.

En los días que siguieron, traté de hacer a un lado mi enojo e impaciencia, así como todos los otros comportamientos pecaminosos, y revestirme de las características piadosas bíblicas. Durante la consejería, me había memorizado Efesios

4:22-24: "Que en cuanto a la anterior manera de vivir, ustedes se despojen del viejo hombre, que se corrompe según los deseos engañosos, y que sean renovados en el espíritu de su mente, y se vistan del nuevo hombre, el cual, en la semejanza de Dios, ha sido creado en la justicia y santidad de la verdad". En vez de tratar de obedecer los versículos 22 y 24 simplemente "despojarme" y "vestirme", empecé tratando de obedecer el versículo 23, que habla de formar una nueva actitud renovando mi mente. Así que comencé por hacerme dos preguntas cuando estaba tentada a dar rienda a mi enojo o impaciencia. En cuanto sentía que empezaba a surgir alguno de ellos, me preguntaba a mí misma: "¿Qué es lo que quiero y qué es lo que estoy pensando en este momento?".

Me hacía estas preguntas muchísimas veces durante el día, cada vez que empezaba a sentirme enojada o impaciente. No lo hacía *después* de estallar, sino *antes* de hacerlo. Y cada vez que me detenía para hacerme esas preguntas antes de reaccionar con enojo, pude observar un patrón de conducta. Yo era egoísta y orgullosa. Quería que las cosas salieran a mi gusto. Perpetuamente estaba poniendo mis necesidades y mis planes y mi tiempo antes que los de mi familia. En la consejería, también memoricé Filipenses 2:3-5: "No hagan nada por egoísmo o por vanagloria, sino que con actitud humilde cada uno de ustedes considere al otro como más importante que a sí mismo, no buscando cada uno sus propios intereses, sino más bien los intereses de los demás. Haya, pues, en ustedes esta actitud que hubo también en Cristo Jesús". Trabajé muy duro para cambiar mis pensamientos, filtrando todas mis decisiones a través de esos versículos. Empecé a pensar en las necesidades y deseos de Craig y los niños más que en los míos. En la práctica, cuando sentía que me estaba enojando o impacientando, me fijaba en lo que yo quería y me preguntaba si eso agradaba a Dios. Si lo que sentía se centraba en mi ego más que en agradar a Dios, elegía cambiar mi pensamiento y tomar otro curso de acción, o cambiaba mi tono de voz y la forma en que estaba a punto de reaccionar ante mi familia. Cuando empecé a darme cuenta de cuán egoísta era, supe que necesitaba del poder de Dios si quería hacer un cambio duradero. Oré pidiendo la fuerza para obedecer la Palabra de Dios y agradar al Señor, ya fuera que lo sintiera o no.

Aunque mis deseos de que mi esposo dirigiera un grupo bíblico pequeño, que ganara más dinero y que fuéramos líderes de consejería de parejas no han cambiado, mis actitudes y comportamiento están cambiando para procurar agradar a Dios y no a mí misma.

Por la gracia de Dios, estoy formando un nuevo hábito de reaccionar en forma diferente ante mi esposo e hijos. Poco después de que Dios empezó a hacer esta obra en mi corazón, tuve la oportunidad de poner en práctica mi nuevo comportamiento y de responder en forma diferente a mi esposo. Un día, trajo a colación el karate y la televisión por cable. Ambos temas habían sido motivo de mucha contienda en nuestro hogar. Con el fin de recortar gastos, habíamos cancelado la televisión por cable y también porque le había dicho a mi esposo que era una tentación demasiado grande para mí perder el tiempo viendo televisión cuando tenía tantas cosas que hacer. En diferentes ocasiones, él me preguntó si ya podíamos volver a tener el cable, y yo siempre le respondía: "No, por favor, no lo contrates". Bueno, ese día en particular, me dijo que ya lo había pedido y que llegaría el sábado. Yo le dije: "Cariño, ¿hay alguna posibilidad de que yo pueda hacerte cambiar de idea? No se trata del dinero, porque solo son $13 mensuales. Pero es una gran tentación para mí". Al mismo tiempo, también me informó que iba a regresar a karate, lo cual suponía que pasaría una noche a la semana lejos de nosotros. Nuevamente, yo le respondí: "Querido, en este momento las cosas no están tan bien entre nosotros, y me encantaría usar ese tiempo para pasar más tiempo contigo. ¿Podrías reconsiderarlo, por favor?".

Expuse mi súplica, y él contestó: "No. Ya tomé la decisión. Voy a regresar a karate y vamos a tener televisión por cable".

Y aquí es donde la cosa se pone más interesante. Esa noche, estábamos en la cama y lo que hice me sorprendió hasta a mí. Decidí que no iba a ignorarlo. Ustedes saben cómo se hace eso, ¿verdad, señoras? Te enroscas y te volteas lo más lejos de él. Bueno, yo me volteé, pero hacia él, y lo abracé, diciéndole: "Cariño, te amo, y no importa lo que elijas hacer; te voy a seguir amando y no voy a estar resentida por ello".

¡Qué gran victoria, reaccionar de la forma que agrada a Dios y que al mismo tiempo no alejara a mi esposo de mi aún más! Yo no me atribuyo el mérito por ello. Fue la obra de Dios en mí. Pero yo tuve que tomar la decisión de amar a mi esposo y agradar a Dios cuando no me pude salir con la mía. Entendamos que los cambios que he estado experimentando no serían posibles sin que Dios me impulsara por el poder de su Santo Espíritu que obra en mí. Esto me recuerda a Efesios 2:10: "Porque somos hechura Suya, creados en Cristo Jesús para hacer buenas obras, las cuales Dios preparó de antemano para que anduviéramos en ellas".

Todavía no he terminado de cambiar y de crecer, porque creo que nunca estaré satisfecha con lo que soy en Cristo hasta que él me lleve al hogar celestial o regrese por mí. Jeremías 29:11-13 declara: "'Porque Yo sé los planes que tengo para ustedes', declara el Señor, 'planes de bienestar y no de calamidad, para darles un futuro y una esperanza. Ustedes me invocarán y vendrán a rogarme, y Yo los escucharé. Me buscarán y me encontrarán, cuando me busquen de todo corazón'".

Solo podemos buscar a Dios con todos nuestros corazones cuando elegimos arrepentirnos de nuestros ídolos y decidimos complacer a Dios más que a nosotros mismos. Haciendo esto, tal vez puedas impedir llevar a tu propia familia por un derrotero de destrucción.

CONCLUSIÓN

¿CÓMO SERÍA UNA VIDA LIBRE DE ÍDOLOS?

AHORA que ya vamos concluyendo con este estudio, espero que estés entusiasmado acerca de lo que sucederá como resultado de identificar a los ídolos de tu corazón y de arrepentirte de ellos, y con los cambios que puedes esperar en tu vida.

EMPEZARÁS A SENTIRTE REALMENTE LIBRE

En primer lugar, empezarás a ser realmente libre, quizá por primera vez en tu vida. Sí, hay libertad en Cristo en cuanto confías en él para tu salvación, pero si eres como la mayoría de las personas, viniste a Cristo con una carga en la forma de idolatría, una carga que no desapareció al momento en que confiaste en él. Fuiste perdonado, el decreto condenatorio que existía contra ti fue cancelado (Colosenses 2:14), pero no te sientes totalmente libre porque sigues arrastrando a los ídolos que te agobian.

Pero he aquí las buenas nuevas: es al arrepentirnos de los ídolos que realmente comienza nuestra libertad, la libertad de servir a Dios y la libertad para correr sin estorbos hacia la piedad. Hebreos 12:1-2 nos exhorta diciendo: "Por tanto, puesto que tenemos en derredor nuestro tan gran nube de testigos, despojémonos también de todo peso y del pecado que tan fácilmente nos envuelve, y corramos con paciencia la carrera que tenemos por delante, puestos los ojos en Jesús, el autor y consumador de la fe". ¿A qué se refiere con "todo peso" que debes dejar de lado? A los ídolos; ellos son los que te aplastan. Sí, Dios ya te salvó. Sí, su Espíritu está en ti. Sí, quieres agradarle. Sí, quieres alcanzar la santidad. Pero estás tratando de correr la carrera mientras arrastras el peso de tus ídolos.

En estos versículos se tratan dos problemas: (1) el peso de los ídolos que te asedian y (2) los ídolos que te impiden ver a Jesús. No puedes correr, y tampoco puedes fijar tus ojos en Jesús, porque los ídolos te detienen y bloquean tu mirada. Ezequiel 14:3 dice: "Hijo de hombre, estos hombres han erigido sus ídolos en su corazón, y han puesto delante de su rostro lo que los hace caer en su iniquidad". Los ídolos son un tropiezo porque vivir con ellos es como tratar de correr con la mano puesta frente a la cara. Puede que lo logres, pero vas a tropezar demasiado y tropezarás para caer justo dentro del pecado.

Por ejemplo, considera a una joven pareja que es sorprendida cometiendo una inmoralidad sexual, es decir, teniendo relaciones sexuales o conduciéndose de manera inmoral antes del matrimonio. En muchos casos, aunque sean cristianos los dos, no dejarán de hacerlo aunque escuchen versículos de la Biblia que dicen que no anden en fornicación y que se mantengan en santidad. ¿Por qué no? Porque la raíz del asunto generalmente es que tienen un ídolo en el corazón, que dice: "Debo conseguir el afecto de otros". O: "Debo ser reconocido". Hasta que se resuelva el asunto de los ídolos, la pareja seguirá tropezando en la inmoralidad sexual porque no solo buscan el placer sexual. Lo que quieren es atención y afirmación. Así que, hasta que se arrepientan de esos pecados que son la raíz, y hasta que permanecen inadvertidos e irresueltos en sus vidas y aprecien más el tesoro de Cristo, seguirán avanzando más y más en la senda del pecado sexual.

Tendrás un renacimiento de gratitud por el evangelio

La segunda cosa que puedes esperar cuando te arrepientes de la idolatría es que Dios te mostrará la fealdad de lo que ha estado sucediendo dentro de ti, y verás que es mucho peor que las cosas externas y obvias en las que te habías enfocado anteriormente. Y cuanto más te muestre él esa fealdad, más accesible te parecerá llegar a los pies de la cruz. Descubrirás que te encuentras de pie ante la cruz en el mismo nivel junto con prostitutas y jugadores, aun violadores y asesinos aunque, según tu propio criterio, tú siempre te has mantenido separado de esas personas, en una categoría hecha por ti mismo, una categoría que se llama "no soy tan malo".

Pero, al aceptar a los ídolos que hay en *tu corazón*, destruyes tus categorías piadosas y se pone de manifiesto tu gratitud. La opinión que tienes de ti mismo se derrumba mientras crece tu aprecio por el evangelio. Cuando enfrentas a tus ídolos, te posicionas en la categoría de "pecador" junto con todos los demás, de tal manera que, quizá por primera vez, eres capaz de agradecer a Dios por el evangelio y decir: "Necesito del evangelio. Cristo murió por *mí*, no solo por aquellos que yo creía peores que yo".

Primera de Corintios 1:17 dice: "Pues Cristo no me envió a bautizar, sino a predicar el evangelio, no con palabras elocuentes, para que no se haga vana la cruz de Cristo". A menudo, nuestros ídolos despojan a la cruz de su poder y nos estorban para no verla. No apreciamos en su justa dimensión el poder de la cruz porque no hemos visto correctamente la fealdad de nuestros corazones. Al detectar y destruir a los ídolos, podemos cambiar eso. Pero ten cuidado; no te obsesiones solamente con tu propio corazón oscuro, feo y pecaminoso. Continúa buscando el evangelio ¡y regocíjate!

Y ¿qué es el evangelio? La palabra "evangelio" es la expresión breve que se usa para hablar de la obra que Cristo hizo por nosotros; él murió por los pecadores y después se levantó de los muertos al tercer día en victoria sobre Satanás, el infierno, el pecado y la muerte. Y lo hizo por gente que no lo merecía, personas como tú y como yo. Aun si nunca has asesinado, violado, estafado o atacado a nadie, tendrás un renacimiento de gratitud por el evangelio cuando empieces a ver y a arrepentirte de los ídolos que hay en tu vida.

En estos tiempos, estamos viendo un énfasis renovado en la necesidad de que los creyentes se prediquen el evangelio a sí mismos cada día, pero quizá tú encuentres que esto no es muy emocionante. Haz esto: por el resto de tu vida, busca todos los días la idolatría que hay en tu corazón, y así correrás hacia el evangelio diariamente, y apreciarás el evangelio más cada día porque recordarás cada día, de una manera fresca, por qué Cristo murió en la cruz.

TAL VEZ VEAS CLARAMENTE POR PRIMERA VEZ

En tercer lugar, cuando empieces a detectar y destruir a los ídolos que hay en tu vida, te verás a ti mismo y a quienes te rodean más claramente. En Mateo 7:3-5, Jesús dijo: "¿Por qué miras la mota que está en el ojo de tu hermano, y no te das cuenta de la viga que está en tu propio ojo? ¿O cómo puedes decir a tu hermano: 'Déjame sacarte la mota del ojo', cuando la viga está en tu ojo? ¡Hipócrita! Saca primero la viga de tu ojo, y entonces verás con claridad para sacar la mota del ojo de tu hermano". Muchas veces, la viga en tu ojo es la idolatría. Tus ídolos forman la viga con la que andas caminando, empujando a la gente, tropezando en la vida, preguntándote por qué van tan mal las cosas en tu vida y por qué estás rodeado de tantos idiotas. Y todo el tiempo has estado creyendo que eres el único que tiene la cabeza bien puesta. Pero el problema son *tus* ídolos, *tus* anhelos, *tus* exigencias. Ahora, con esto en mente, ¿es de extrañar que tengas conflictos y problemas con los que te rodean?

Durante el primer par de años de nuestro matrimonio, mientras mi corazón estaba repleto de ídolos y yo no los veía, tampoco podía ver lo suficientemente claro como para hablar con mi esposa acerca de las formas en que yo percibía que ella estaba pecando contra mí. ¡Pero eso no me impedía tratar de hacerlo! Mis ídolos distorsionaban mi percepción de mi esposa y de nuestro matrimonio. Mi percepción de nuestro hogar estaba distorsionada porque mis ídolos me habían cegado a mis propios pecados, y yo exageraba los pecados de quienes me rodeaban. Y con esa clase de percepción no pasó mucho tiempo antes de que me sintiera enojado, maltratado y con lástima por mí mismo porque pensaba: "Merezco algo mejor que esto. ¿Así es como me va a tratar ella?". Pero nunca pensaba en que yo estaba fallando totalmente. Ya sea que tú lo sepas o no, tus ídolos te están haciendo lo mismo a ti en todas sus relaciones.

TE SENTIRÁS MÁS CONVENCIDO DE TU PECADO

Cuando te arrepientas de la idolatría, sentirás más convicción para tu pecado y tendrás la capacidad de abandonarlo. También serás más sensible a la influencia y convicción de Dios. Podrías decir lo siguiente: "Espera un minuto… no estoy seguro de desear eso". ¡Ah! Pero deberías desearlo. Ten cuidado con ser insensible a la convicción que viene del Espíritu Santo. Ten cuidado con tener un corazón cauterizado. Proverbios 28:13 nos enseña: "El que encubre sus pecados no prosperará, pero el que los confiesa y los abandona hallará misericordia". La misericordia no significa andar confesando nuestros pecados todo el día, diciendo: "Sí, sí, volví a cometerlo". Es al apartarse del pecado que recibes la misericordia. La idolatría te impide dar el siguiente paso para abandonar tu pecado. Sigues aferrándote al ídolo básico que alienta tu pecado; sigues acariciándolo y protegiéndolo aunque hayas confesado el pecado. Lo confiesas; reconoces que es pecado. Pero los ídolos de tu corazón te dirán: "No lo dejes ir. No dejes que se vaya. Aférrate a él. Puedes necesitarlo después. No dejes que se vaya".

La Biblia enseña que la misericordia está disponible para quienes confiesan y se apartan de su pecado. François Fénelon escribió: "A medida que aumenta tu luz interior, verás las imperfecciones que has visto hasta ahora como mucho más grandes y más dañinas de lo que las habías considerado hasta el presente". Cuando empiezas a arrepentirte de tus ídolos, disminuirá tu autoestima. Verás las cosas que antes no veías, cosas que pensabas no eran tan importantes, con una sensibilidad aumentada de su pecaminosidad. Él sigue diciendo: "Pero esta experiencia, lejos de desanimarte, te ayudará a desenraizar toda tu autoconfianza y destruir hasta sus cimientos todo el edificio de tu orgullo. Nada marca tanto el sólido avance de un alma como esta perspectiva de tu maldad sin sentir ansiedad ni desánimo".[1]

Observa: "sin sentir ansiedad ni desánimo". Cada vez que veas tu propia miseria, puedes decir: "¡Sí! Por eso tengo un Salvador. Por eso tengo sobre mí un manto de justicia que no es mío. Por eso Cristo fue al Calvario". Cuando ves tu miseria, no te aplasta el desánimo si has entendido la gracia y la cruz que permanecen en el corazón del evangelio. Pero cuando estás tratando, debido a tu orgullo y autojustificación, de guardar las apariencias, y Dios te muestra quién eres realmente, te hará postrarte en una avergonzada autocondenación. Te sientes derrotado por el desánimo cuando tienes un pecado del que no te puedes librar.

Pero cuando entiendes la libertad que proviene de ser humillados por un Dios amoroso, puedes regocijarte en él y decir: "Aquí estoy en mi punto más bajo, junto con todos aquellos que han rechazado a Dios y se han alejado de él. Aquí estoy, y estoy feliz, porque aquí está mi Salvador, aquí están la gracia y la cruz".

¡AUMENTARÁN TU PASIÓN Y AMOR
POR DIOS!

Finalmente, veamos lo que dice Lucas 7:36-38: "Uno de los fariseos pidió a Jesús que comiera con él; y entrando Él en la casa del fariseo, se sentó a la mesa. Había en la ciudad una mujer que era pecadora, y cuando se enteró de que Jesús estaba sentado a la mesa en casa del fariseo, trajo un frasco de alabastro con perfume; y poniéndose detrás de Él a Sus pies, llorando, comenzó a regar Sus pies con lágrimas y los secaba con los cabellos de su cabeza, besaba Sus pies y los ungía con el perfume".

En los tiempos de Jesús, la gente no se sentaba alrededor de una mesa como hacemos nosotros, en sillas que se metían debajo de ella. Sus mesas eran mucho más bajas que las nuestras, y las personas se reclinaban alrededor. En el versículo 37, vemos a "una mujer que era pecadora". Ahora bien, todos somos pecadores, pero esto significa que ella era conocida por su pecado; quizá era una prostituta. Así que Jesús estaba en la cabecera de la mesa con esta mujer a sus pies. Ella lloraba tan copiosamente que sus lágrimas caían de su rostro hasta los pies polvorientos del Señor, y ella limpiaba sus pies con su pelo.

La escena continúa en el versículo 39: "Pero al ver esto el fariseo que lo había invitado, dijo para sí: 'Si Este fuera un profeta, sabría quién y qué clase de mujer es la que lo está tocando, que es una pecadora'". Jesús había sido invitado a esa comida principalmente por la curiosidad del fariseo, porque quería decidir qué pensar acerca de él. Ese hombre pensó: "Jesús no es profeta porque está permitiendo que esta mujer pecadora toque sus pies".

Mira lo que sucedió después: "Y Jesús le dijo: 'Simón, tengo algo que decirte'. 'Di, Maestro', le contestó. 'Cierto prestamista tenía dos deudores; uno le debía 500 denarios y el otro cincuenta; y no teniendo ellos con qué pagar, perdonó generosamente a los dos. ¿Cuál de ellos, entonces, lo amará más?'. 'Supongo que aquel a quien le perdonó más', respondió Simón. Y Jesús le dijo: 'Has juzgado correctamente'. Y volviéndose hacia la mujer, le dijo a Simón: '¿Ves esta mujer?'" (Lucas 7:40-44). Lo que Jesús le estaba preguntando a Simón es: "¿Puedes ver que ella es una persona que fue creada a la imagen de Dios?". Lo único que Simón veía era a una pecadora. Solo veía su reputación. Lo único que veía era una norma, un patrón falso que lo colocaba a él mucho más arriba que ella.

Jesús continuó: "¿Ves esta mujer? Yo entré a tu casa y no me diste agua para Mis pies, pero ella ha regado Mis pies con sus lágrimas y los ha secado con sus cabellos. No me diste beso, pero ella, desde que entré, no ha cesado de besar Mis pies. No ungiste Mi cabeza con aceite, pero ella ungió Mis pies con perfume. Por lo cual te digo que sus pecados, que son muchos, han sido perdonados, porque amó mucho; pero a quien poco se le perdona, poco ama" (Lucas 7:44-47). Observa las dos palabras "muchos" y "mucho". No malinterpretes el pasaje; los muchos pecados de la mujer no fueron perdonados porque amó mucho. Su mucho amor es la evidencia de que había sido perdonada de sus muchos pecados.

Finalmente, Jesús le dijo a Simón: "Pero a quien poco se le perdona, poco ama" (Lucas 7:47). Jesús le estaba diciendo: "Mira la pasión de esta mujer, su amor, su adoración. Después ve los tuyos y compárate. Cuando tú crees que no tienes mucho que se te perdone, no amas mucho".

Deseo que para siempre permanezcamos apasionados por nuestro Señor Jesucristo, apasionados por compartir con otras personas la historia de Cristo y su perdón. Que para siempre seamos apasionados y compasivos y vayamos al lado de aquellos que están dominados por una transgresión, para que cada día vivamos conscientes y alertas porque se nos ha perdonado *mucho*. Y que amemos mucho.

Cuando te arrepientes de los ídolos de tu corazón, cuando permaneces constantemente alerta de cuánto se te ha perdonado, amas mucho. No puedes amar más como consecuencia de suscitar más emociones. Más bien, ve tu pecado, y considera todo lo que Dios te ha perdonado. Y en la medida que te arrepientas de los ídolos de tu corazón y cultives un estilo de vida de arrepentimiento, seguirás un estilo de vida de amor.

Así que el mensaje que te estoy transmitiendo en esta conclusión es un mensaje de esperanza. No te centres en los que te rodean. No vivas en el pasado. Apaga el programa del Dr. Phil, deja a un lado el libro secular que estás leyendo, toma tu Biblia y encuentra la esperanza, la ayuda y la gracia que se derraman desde la cruz.

Apéndice

CÓMO IDENTIFICAR A LOS ÍDOLOS PERSONALES

PREGÚNTATE:

1. ¿Estoy dispuesto a pecar con tal de obtenerlo?
2. ¿Estoy dispuesto a pecar si creo que voy a perderlo?
3. ¿Acudo a ello buscando refugio y consuelo en lugar de acercarme a Dios?

Mientras continuas escudriñando tu corazón, hazte estas preguntas:[1]

1. ¿Qué deseo, busco, me esfuerzo o persigo y anhelo más?
2. ¿Cuáles son mis metas, expectativas e intenciones?
3. ¿Quiero obtener lo que deseo, o quiero experimentar el señorío de Cristo en mi vida?
4. ¿Dónde busco seguridad, significado, felicidad, llenura, gozo y consuelo? ¿Dónde he puesto mi confianza básica?
5. ¿Qué me haría feliz?

6. ¿Qué es lo que más temo? ¿Qué es lo que más me preocupa?
7. ¿Qué es lo que amo y odio más que nada?
8. ¿Cómo defino el éxito o fracaso en una situación particular?
9. ¿Qué idea tengo de quién soy? ¿Qué debería ser o me gustaría ser?
10. Si estuviera en mi lecho de muerte, ¿qué diría que fue lo más valioso de mi vida?
11. ¿Cuáles considero que son mis "derechos"?
12. Cuando estoy bajo presión o tenso, ¿a quién recurro?
13. ¿Qué es aquello por lo que oro?

Coloca una marca de verificación junto a las cosas / los asuntos que piensas que pueden ser ídolos actuales o potenciales en tu vida:

☐ Desempeño, en especial para con una pareja: Tratas de agradarle para obtener o mantener su aceptación o aprobación. Cuando buscas agradarle a una persona en lugar de a Dios, eso es idolatría. Si este es el caso, entonces estás adorando a esa persona en vez de a Dios porque temes lo que ella piense de ti en vez de obedecer a Dios.

☐ Desempeño personal (perfeccionismo): Tratas de alcanzar los altos estándares que tú mismo has puesto. Cuando cumples el estándar, te sientes bien; cuando no lo haces, te sientes mal. Has hecho una lista personal para seguir que es mucho más alta de lo que Dios dice. Estás viviendo como un fariseo.

☐ Desempeño de otros: Haces una lista de lo que los demás deben hacer. Por ejemplo: "Para que mi cónyuge sea un/a buen esposo/esposa, él/ella debe: _____".
Si tu cónyuge no cumple con estas cosas, te vuelves crítico y poco amoroso.

☐ Buena salud: Esta no debería ser tu meta, excepto para glorificar a Dios. Es muy bueno pedir a Dios salud, pero obtenerla no debe convertirse en la ambición de tu vida o tu razón de vivir. Tal vez Dios quiere que enfermes para que él sea glorificado (ver Juan 9).

☐ Amor al dinero: Aceptas un ascenso solo para ganar más dinero.

☐ Éxito: ¿Cómo es un buen día para ti? En tu opinión ¿por qué fue un buen día? Generalmente suena así: "Logré hacer muchas cosas". O: "Agradé a las personas importantes para mí". O: "Me salí con la mía. Otros hicieron por mí lo que yo quería".

☐ Justicia: ¡La vida tiene que ser justa (Salmos 73)! "He vivido tratando de agradar a Dios: otros ni siquiera lo hacen y, aun así, ellos prosperan". Esto puede llevarte a abandonar tu fe (Salmos 73:2).

☐ Una vida libre de heridas y dolor: "No quiero enfrentar problemas. No debo tener ninguna dificultad. No debería tener que pasar por algo que me afecte... porque lo único que quiero es tener paz".

☐ Matrimonio cristiano y hogar: "Yo quiero que cuando la gente vea mi matrimonio piense que es la mejor familia del mundo". O: "No puedo servir a Dios y tener gozo hasta que mi cónyuge cambie y empiece a hacer_____".

☐ Apariencia física.

☐ Ser respetado/admirado.

☐ Ser autosuficiente/independiente.

☐ Posesión material: Por ejemplo, un auto, una casa o joyería.

☐ Capacidades atléticas/logros.

☐ Pasatiempos: Deportes, lectura, lo que sea.

☐ Un ideal: Por ejemplo, el movimiento próvida, el pacifismo, un partido político.

☐ Éxito/posición/poder.

☐ Placeres mundanos: Por ejemplo, drogas, alcohol, comida, sexo.

☐ Tener el control.

☐ Obtener metas/logros.

- ☐ Un hijo o hijos.
- ☐ Matrimonio.
- ☐ Tener tus "necesidades" cubiertas.
- ☐ Otros: _____.

Ahora escribe en el corazón de abajo cuáles son los cincos principales ídolos actuales o potenciales que hay en tu corazón:

NOTAS

Capítulo 1: La idolatría comienza al apartarnos del evangelio

1. C. J. Mahaney, *The Cross Centered Life* [La vida centrada en la cruz] (Colorado Springs: Multnomah Books, 2002), 20–21.

2. David Powlison, "Idols of the Heart and Vanity Fair" [Los ídolos del corazón y la feria de las vanidades], *Journal of Biblical Counseling* 13, no. 2 (invierno de 1995): 35.

Capítulo 2: La idolatría es un trabajo interior

1. Paul David Tripp, *Lost in the Middle* [Perdido en el medio] (Wapwallopen, PA: Shepherd Press, 2004), 275–76.

2. Richard Keyes, "The Idol Factory" [La fábrica de ídolos] en *No One but God: Breaking with the Idols of Our Age* [Ningún otro que Dios: Rompiendo con los ídolos de nuestra época], eds. Os Guinness and John Seel (Chicago: Moody Press, 1992), 31–32.

3. Keyes, "The Idol Factory", 32.

4. Citado en Donald W. McCullough, *The Trivialization of God: The Dangerous Illusion of a Manageable Deity* [La trivialización de Dios: La peligrosa ilusión de una deidad manejable] (Colorado Springs: NavPress, 1995), 106.

5. David Powlison, "The Sufficiency of Scripture to Diagnose and Cure Souls" [La suficiencia de las Escrituras para diagnosticar y

curar las almas], *Journal of Biblical Counseling* 23, no. 2 (primavera del 2005): 6.

6. Powlison, "The Sufficiency of Scripture", 6.

Capítulo 3: Lo suficiente nunca es suficiente

1. David Powlison, "Idols of the Heart and Vanity Fair" [Los ídolos del corazón y la feria de las vanidades], *Journal of Biblical Counseling* 13, no. 2 (invierno de 1995): 35.

2. Ed Welch, "Motives: Why Do I Do the Things I Do?" [Motivaciones: ¿Por qué hago las cosas que hago?] *Journal of Biblical Counseling* 22, no. 1 (otoño 2003): 7.

Capítulo 4: La idolatría hace estragos en tus relaciones

1. Paul David Tripp, *Instruments in the Redeemer's Hands* (Phillipsburg, NJ: P&R Publishing, 2002), 75, 106–7. Publicado en español como *Instrumentos en las manos del Redentor*.

2. Dave Harvey, *When Sinners Say "I Do"* [Cuando los pecadores dicen "Sí Quiero"] (Wapwallopen, PA: Shepherd Press, 2007), 69.

3. David Powlison, *Seeing with New Eyes* [Viendo con nuevos ojos] (Phillipsburg, NJ: P&R Publishing, 2003), 151.

4. Elyse Fitzpatrick y Jim Newheiser, *When Good Kids Make Bad Choices* [Cuando los buenos hijos toman malas decisiones] (Eugene, OR: Harvest House, 2005), 56.

5. Concepto tomado de Paul Tripp, *Instruments in the Redeemer's Hands*, 85–88.

Capítulo 5: La idolatría cambia tu identidad

1. Paul David Tripp, *Lost in the Middle* [Perdido en el medio] (Wapwallopen, PA: Shepherd Press, 2004), 276.

2. Paul David Tripp, *Instruments in the Redeemer's Hands* (Phillipsburg, NJ: P&R Publishing, 2002), 73. Publicado en español como *Instrumentos en las manos del Redentor*.

3. Tripp, *Lost in the Middle*, 275.

4. Tripp, *Lost in the Middle*, 275–76.

Capítulo 6: Necesitamos un examen de rayos X del corazón

1. Paul David Tripp, *Lost in the Middle* [Perdido en el medio] (Wapwallopen, PA: Shepherd Press, 2004), 19.

Capítulo 7: Sigue la pista de tu tiempo, dinero y afectos

1. Richard Keyes, "The Idol Factory" [La fábrica de ídolos] en *No One but God: Breaking with the Idols of Our Age* [Ningún otro que Dios: Rompiendo con los ídolos de nuestra época], eds. Os Guinness and John Seel (Chicago: Moody Press, 1992), 31–32.

2. Louie Giglio, *The Air I Breathe: Worship as a Way of Life* [El aire que respiro: La adoración como estilo de vida] (Colorado Springs: Multnomah Publishers, 2006), 10–11.

Capítulo 8: ¡Cuidado con el caos!

1. Ed Welch, "Motives: Why Do I Do the Things I Do?" [Motivaciones: ¿Por qué hago las cosas que hago?] *Journal of Biblical Counseling* 22, no. 1 (otoño del 2003): 7.

Capítulo 9: ¡Que no se te ocurra seguir los dictados de tu corazón!

1. Scotty Smith, *The Reign of Grace* [El reino de la gracia] (New York: Howard Books, 2003), 160–61.

2. Concepto de Jay Adams, refinado y desarrollado por Lou Priolo.

Capítulo 10: Descubre dónde es más vulnerable tu corazón

1. John Calvin, *Institutes of the Christian Religion* [Institutos de la religión cristiana], ed. John T. McNeill, en *The Library of Christian Classics*, vol. XX, trad. Ford Lewis Battles (Philadelphia: The Westminster Press, 1960).

2. David Powlison, "The Sufficiency of Scripture to Diagnose and Cure Souls" [La suficiencia de las Escrituras para diagnosticar y

curar las almas], *Journal of Biblical Counseling* 23, no. 2 (primavera del 2005): 9–10.

3. David Powlison, "X-Ray Questions: Drawing Out the Whys and Wherefores of Human Behavior" [Preguntas de Rayos X: Descubriendo los porqués y para qués del comportamiento humano], *Journal of Biblical Counseling* 18, no. 1 (otoño de 1999): 7.

Capítulo 11: ¡Deja que Dios sea Dios!

1. Leslie Vernick, *How to Find Selfless Joy in a Me-First World* [Cómo encontrar el gozo sin egoísmo en un mundo donde yo soy primero] (Colorado Springs: WaterBrook Press, 2003), 32–33.

2. Vernick, 126, citando a Oswald Chambers, *My Utmost for His Highest* (Urichsville, OH: Barbour and Co., 1963), 251. Publicado en español como *En pos de lo supremo*.

3. C. J. Mahaney, *The Cross Centered Life* [La vida centrada en la cruz] (Colorado Springs: Multnomah Books, 2002), 27–30.

4. Wayne Brown, *Water from Stone* [Agua de la piedra] (Colorado Springs: NavPress, 2004), 103.

5. Brown, *Water from Stone*, 104–5.

6. Arthur Bennett, ed., *Valley of Vision* [El valle de la visión] (East Peoria, IL: Versa Press), 71.

Capítulo 12: La receta de Dios para la libertad

1. Elyse Fitzpatrick, *Because He Loves Me: How Christ Transforms Our Daily Life* [Porque él me ama: Cristo transforma nuestra vida cotidiana] (Wheaton, IL: Crossway Books, 2008), 173–74.

2. Eugene H. Peterson, *A Long Obedience in the Same Direction: Discipleship in an Instant Society* [Una larga obediencia en la misma dirección: El discipulado en una sociedad instantánea] (Nottingham: IVP Books, 2000), 49–50.

3. El concepto es original de Ken Collier, director, The Wilds, Brevard, North Carolina; refinado y desarrollado por Mark Dutton, pastor, Faith Counseling Ministry, Lafayette, Indiana.

4. Como fue citado por Mark Dutton en la correspondencia personal con el autor.

5. Ken Sande, *The Peacemaker* [El pacificador] (Grand Rapids: Baker Books, 2004), 173.

Conclusión: ¿Cómo sería una vida libre de ídolos?

1. Citado en C. J. Mahaney, *The Idol Factory* [La fábrica de ídolos] (Gaithersburg, MD: Sovereign Grace Ministries, 2001), serie de audio sermones, disponible en http://www.sovereigngraceministries.org.

Apéndice: Cómo identificar a los ídolos personales

1. Adaptación de David Powlison, "X-Ray Questions: Drawing Out the Whys and Wherefores of Human Behavior" [Preguntas de Rayos X: Descubriendo los porqués y para qués del comportamiento humano], *Journal of Biblical Counseling* 18, no. 1 (otoño de 1999): 4-7.

Brad Bigney, el pastor principal de Grace Fellowship Evangelical Free Church en Florence, Kentucky, es un ministro ordenado de Evangelical Free Church of America. También es miembro y consejero certificado de Association of Certified Biblical Counselors (Asociación de Consejeros Bíblicos Certificados) y miembro de Association of Biblical Counselors (Asociación de Consejeros Bíblicos).